読みなおす日本史

戦国仏教

中世社会と日蓮宗

湯浅治久

吉川弘文館

はじめに

日本列島においてお寺がまったくないところはまずない、といってよいだろう。現代を生きる我々にとっては身近な存在とはお世辞にもいえないが、日本の歴史を考える上では、無視することができない存在であることはまちがいない。

奈良や京都といった古都の大寺院はさておき、地域にある寺院の成り立ちを考えた時、まず思い浮かべるのは鎌倉仏教である。鎮護《ちんご》国家を旨とする古代仏教に対して、民衆の救済を掲げ、すぐれた宗教家が唱えた浄土宗・浄土真宗・日蓮宗などのことで、まさに中世を代表する仏教、それが鎌倉仏教、または鎌倉新仏教というものである。

しかし現在、こうした「通説」を支持する日本中世史の研究者はほとんどいない。中世に普遍的な仏教は、顕密《けんみつ》仏教である。それは何かというと、かつては古代的といわれていた比叡山《ひえいざん》や高野山《こうやさん》などが、じつは中世的な変貌をなしとげ、莫大《ばくだい》な荘園を擁する宗教勢力として社会に君臨する。それらを顕密仏教というのである。そしてそのイデオロギーは民衆を呪縛し、貴族や僧侶、そして武士の支配を補完する役割を果たしていた、という。

この大きな認識の転換は、鎌倉新仏教を中世の主役の座から退場させた。しかし、鎌倉時代に生まれたこれらの宗派が、実際に大きな役割を果たし、地域社会に浸透した結果、現代でも葬送などで重要な役割を果たしていることも、まぎれもない事実である。では、こうしたギャップをどう埋めたらよいのだろうか。

戦国仏教という言葉がある。じつは鎌倉仏教が真に地域に定着するのは室町から戦国時代にかけてであり、それゆえ、鎌倉仏教ではなく、これを戦国仏教と呼ぼう、とする研究者が考え出したものである。

しかし実際のところ、これは一般にはほとんど認知されていない。本書は、この戦国仏教の一つである日蓮宗の展開を、祖師《そし》日蓮の時代から追うことで、戦国仏教が地域に浸透してゆく理由、そしてそれが追求したものは何だったのか、について明らかにしてゆきたいと考える。

ふつう戦国時代を彩る宗教としては、なんといっても浄土真宗や一向一揆《いっこういっき》が有名だが、来世における救済を求めるこれらとは対照的に、日蓮宗は現実世界における人々の救済に、より重きを置いていた。日蓮宗は国家や政治への参画を強く意識していた宗派といわれるが、そのめざすところは、単に為政者の帰依《きえ》の獲得のみではなく、地域に生きる人々の社会的な保障システムの構築を、寺院の定着をとおして意図していたものとみることもできるのである。

このことは、祖師日蓮が飢饉《ききん》や災害という危機に直面して法華《ほけ》信仰に至上の価値を求めたこと自体にすでにあらわれている。

日本の中世社会は、きわめて起伏に富んだ社会である。おびただしい奴隷の存在や、戦乱と災害が断続的にうち続き、室町時代以後は長期の寒冷期すら迎えるという。流通や生産が活発化し、村や町が成立する一方で、悲惨な現実に覆われた社会でもあった。

そうした現実に直面した僧侶たちは、いかに民衆に向き合い、どのように行動したのだろうか。もちろん信仰はそのメインになるものだが、すべてではない。今日流にいえば生活や経済といったものに強い関心をもち、地域社会のなりたちの核として、寺院と仏教を位置づけていたのである。

そのことを追求することは、単に信仰という内面のみではない、彼らの置かれた現実世界への対処を浮き彫りにする。それこそが戦国仏教が必要とされた理由を明らかにすることにつながるであろう。

本書は、こうした戦国仏教としての日蓮宗の中世社会における軌跡を追うことで、日本史における宗教と社会の関わりあいの特質をあぶりだそうとする一つの試みである。

※なお、本書では歴史的な史料を引用する場合があるが、その際には読みやすさを考え、漢文を書き下したり、送り仮名を補ったり、仮名を漢字表記に変更した場合があることを申し添えておきたい。

目　次

第1章　戦国仏教とは何か

鎌倉仏教から顕密仏教へ

戦国仏教とは何か。

この問いかけに答えるためには、鎌倉仏教、あるいは鎌倉新仏教とは何か、という問いかけからはじめなければならない。

日本の中世には、いくつもの新たな仏教の宗派が生まれた。すぐれた一人の僧侶（宗教家）が、既成の仏教に飽きたらず、新たな教義に基づいて積極的な行動を起こす。すると、やがて信者の人々が彼の前にあらわれはじめる。そうしたすぐれた僧侶は祖師《そし》と呼ばれる。すぐに思い浮かべることができるのは、法然《ほうねん》（源空《げんくう》）、親鸞《しんらん》、道元《どうげん》、栄西《えいさい》、一遍《いっぺん》、そして日蓮《にちれん》といった人々である。

彼らの教義は、古代以来、鎮護国家を主な役割として貴族のあいだに受け入れられていた旧仏教に対して、革新的な意義をもち、それまではみられなかった平易な仏道修行である「易行《いぎょう》」を旨とするもので、中世に新しく台頭した武士や民衆に受容され、中世＝鎌倉時代を代表する仏教の潮流となった。鎌倉仏教をごく簡単に説明するとすれば、このようになるだろう。

しかし、戦前から戦後を通じて、ごく常識的に唱えられてきたこうした鎌倉仏教観は、現在、大きな修正を迫られている。それは古代以来の八宗《はっしゅう》（いわゆる南都《なんと》六宗と天台《てんだい》・真言《しんごん》宗を指す）を中心とする顕密《けんみつ》仏教こそがじつは中世の主要な仏教である、という主張による。鎌倉仏教などは、顕密仏教の社会における影響力を考えると、せいぜい顕密仏教の異端の一つにしかすぎないというのである。

こうした中世の「仏法《ぶっぽう》」のあり方と、天皇や貴族を中心とした国家の法である「王法《おうほう》」が相互に依存して形作られた体制（「王法・仏法相依論」）を、黒田俊雄氏は「顕密体制」と名付けた。一九七五年に唱えられたこの「顕密体制」論は、それ以前の仏教観に大きな修正を迫ったのである。そして現在の日本中世仏教論の主流が、この顕密仏教論にあることはまちがいない。

顕密仏教と中世社会

それでは顕密仏教とはいかなるものなのだろうか。簡単に説明するのは至難の業であるが、黒田氏の後継者の一人である平雅行《たいらまさゆき》氏の平易な解説を主に参照しながら、ここで概観してみよう。

古代仏教から中世仏教への転換点は一〇世紀にあるといわれる。律令体制が破綻し、財政が地方への依存度を高めると、古代寺院は援助を得られなくなり、自立の道を模索する。それまで国家祈禱を担っていれば済んでいた寺院は、生き残りをかけて個人や来世の祈りの領域に進出してゆく。それは貴族社会を中心に密教や浄土教が盛んとなってゆくことに示されている。

そしてこの動きは民衆へも及んでゆく。一〇～一二世紀にかけては尾張の百姓らが国司《こくし》の藤原元《ふじわらのもと》命《なが》を訴えるような民衆運動が頻発する。同時期に仏教界では悪僧《あくそう》（破戒僧）が活躍するが、彼らにより引き起こされる朝廷への強訴《ごうそ》は、こうした民衆の力を利用したものだった。顕密仏教はこうした民衆の願望を組織しえた。そこにこそ中世への転換の原動力があった。そして比叡《ひえい》山や高野《こうや》山に代表される顕密寺院は、やがて厖大《ぼうだい》な荘園所領を獲得し、文字どおり中世を代表する宗教権門《けんもん》（権門とは権勢のある門閥のこと）として転生を果たし、社会に君臨することになる。

また天台宗でも真言宗でも、「たとえどのような悪人であっても念仏を唱えるだけで極楽往生ができる」という考え方をすでに以前からもっていた。つまり顕密仏教は民衆的な基盤をもち、しかも「易行」でさえも、鎌倉仏教の革新性を示すものではない、ということになるのである。

それでは中世社会を覆うものとしての顕密仏教の特徴とはどのようなものであるのか。たとえば顕密仏教の祈禱は、実際の治病などの効果をともなう場合があった。これは技術と呪術が未分化である中世において、現実的な意義をもつ知識が寺院社会に蓄積されていることを示している。延暦《えんりやく》寺《じ》などは一種の巨大な総合大学の役割を果たしていたのである。

同じように、農業や漁撈《ぎよろう》・狩猟などの生産活動も宗教と密接に関連している。五穀の豊穣を祈る祈禱は、民衆の願望に応えるものであった。正月に全国の寺社で執り行われる修正会《しゆうしようえ》（節会《せちえ》）や節句の年中行事は、顕密仏教の祈りが深く浸透していたことを示している。

しかし反面、これは顕密仏教が民衆支配の道具であったことも意味している。寺院だけでなく、領主が神仏を独占し、その支配に背いたり、年貢を払わないことは即、堕地獄を意味することになる。荘園制という支配のシステムはこうした面を確かにもっていた。祈りとは現実に一つの暴力を意味するものであったのである。中世の武士のもつ暴力も苛酷《かこく》なものだったが、神仏の暴力は死後の世界も支配していた。来世を信じた中世の人々にとって、その脅威がいかに厳しいものであったかは我々の想像を越えるだろう。

そしてこうした顕密仏教の思想は、荘園の寺院や鎮守寺社を通じて地域に深く浸透していた。荘園のお堂や社は、あたかも顕密仏教の毛細血管の役割を果たしていたといわれている。

現実性と非内面性

こうした顕密仏教の性格について、平氏は「現実性と非内面性」という言葉でその特徴をあらわしている。そして中世仏教＝顕密仏教がこうした性格をもつからこそ、鎌倉仏教を提唱した祖師たちが、自らの思想の内面性を深化させ、すぐれた思想性をもつことができた、と指摘している。これはきわめて重要な指摘である。

たとえば法然の専修《せんじゆ》念仏は、諸行による往生を説く顕密仏教に対して、念仏以外の行いを排除する絶対性を有していた。そのことにより法然は、この世のすべての人々が平等に救済されると主張した。これが顕密仏教に基づく身分制のもとにあって、愚者凡夫とされた民衆の救済につながるのは明らかである。法然はすべての人を善人とし、親鸞はすべての人を悪人とするが、専修念仏に新たな役割を与えた二人に共通するのは、現世における「宗教的平等」だという。宗教と社会が未分化である中世において、それは現実的な平等を語ることに等しいというのである。

しかしここで重要なことは、こうした深い内面性を有するがゆえに、その思想は多くの人々の受容するところとはならず、顕密仏教の圧倒的な影響下、ごく一部へ影響を及ぼすことしかできなかったという点である。

戦国仏教の提唱

それでは鎌倉仏教が自立した存在となり、社会に影響力をもつようになるのはいつかというと、それは戦国時代である。日蓮や親鸞の教説が一定の社会的基盤をもって民衆社会に受容されるようになるのは戦国時代であり、それ以前の南北朝から室町時代、それらは延暦寺の一門流にすぎず、接しうる人々はごく一部の人に限られていた。こうした点から藤井学氏は、「真宗も法華《ほっけ》宗も、鎌倉仏教というよりは戦国仏教と考えたほうがはるかに実態に即した呼称である」とする。ここに「戦国仏教」という概念が提唱されたのである。

現在、こうした議論を経て研究者のあいだにおいては中世仏教の主役の座は顕密仏教ということになっている。しかし一般の読者にとって、このことは必ずしも自明なことではないだろう。浄土宗や日蓮宗が鎌倉仏教ではなくて戦国仏教だ、という藤井氏の提唱の認知度はすこぶる低い、といわざるをえない。

藤井氏は、顕密仏教を意識して「王法・仏法相依論」からいかにして「仏法為先《さきとなす》」の理念が生まれてゆくのか、を日蓮の教説から明らかにしている。また日蓮宗の「釈尊領」、真宗の「仏法領」という「国土即仏土」観と、そこに形成される「衆生即《しゅじょう》仏子」という理念に支えられた平等的人間関係の思想がこれを支えていたことも明らかにしている。

こうした理念・思想に支えられた仏教といえば、本願寺《ほんがんじ》により組織された一向宗《いっこうしゅう》門徒や一向一揆、京都町衆《まちしゅう》により組織された日蓮宗の法華教団や法華一揆がすぐさま思い浮かぶ。

しかし残念ながら、ある意味でそれは戦国仏教の完成した姿の一つにすぎず、民衆的な基盤にこだわるあまり、その頂点のみを評価することに終始してしまっている感がある。重要なのは、むしろどのような過程を経て鎌倉仏教が社会に浸透してゆくのか、いや、社会に浸透してゆくということはいかなる意味においてなのか、という点ではないだろうか。

選択の論理と顕密仏教

さきにもみたように、信奉する教義を絶対視し、他との妥協を許さないという法然や親鸞、日蓮らの「選択の論理」が、諸行《しょぎょう》の調和を説く顕密仏教の逆鱗《げきりん》にふれるのは必至であった。

元久《げんきゅう》元年（一二〇四）、比叡山延暦寺は法然一門の専修念仏の禁止を朝廷に要求する。法然の死後、嘉禄《かろく》三年（一二二七）にはその墓所さえ山門《さんもん》の悪僧により破壊される。ここに至って法然の門弟は迫害を恐れずに祖師の教えを貫くか、または山門らの意向に屈して信念を曲げるか、の選択を迫られる。

親鸞の教団のように法然の衣鉢《いはつ》を頑《かたく》なに守ろうとする者たちもいたが、法然の直弟《じきてい》弁長《べんちょう》、その弟子良忠《りょうちゅう》らの鎮西《ちんぜい》派は、聖道門《しょうどうもん》（自己の力によって修行し、この世で悟りを開こうとする教え）の存在を認め、念仏による救済を愚者を救うものと位置づけ、高邁《こうまい》な聖道門の救済との共存をついに認める。また親鸞の教団も、彼の死後、のちに発展する本願寺派の覚如《かくにょ》やその長子存覚《ぞんかく》により修正され、聖道門との共存がはかられるのである。

聖道門との妥協は、日蓮宗や禅宗でもみられた。日蓮宗では日蓮の死後、日蓮の教えを厳格に受け継ぐ日興《にっこう》の門流と、妥協をはかる日向《にこう》の門流との対立が起こる。他宗や神祇《じんぎ》に対する妥協を拒否する日興門流は、次第に他から孤立してゆく傾向を帯びた。道元の教団は徹底した出家主義をとり、純粋禅を貫き通そうとする弟子の義演《ぎえん》派と改革を進める徹通《てっつう》派との対立が生じ、やがて後者の分裂により加賀《かが》国に大乗寺《だいじょうじ》が建立される。徹通派ではやがて旧仏教との習合と兼修が深まり、加持祈禱などの儀式や葬送に介入し、地方の民衆へのめざましい布教が開始されるのである。

このように祖師の思想はやがて修正され、顕密仏教との妥協を強いられる。これを堕落とみることはたやすい。しかしそのことによって、鎌倉仏教ははじめて発展を保証され、在地の民衆へも教線を大きく延ばすことができたこともまた事実であった。鎌倉時代後半からの鎌倉仏教の動向は、祖師の思想と顕密仏教との妥協という面と、祖師の思想を守るべしとする原理主義的な動向の二側面をもっており、これはその後もさまざまな形でくすぶり続けることになるのである。

南北朝・室町時代が課題

とするならば、そのような環境のなかで、鎌倉仏教が現実社会に浸透してゆく過程を眺めることが必要ということになろう。

佐藤弘夫氏は、祖師の教義が後継者により改変されてしまう一方で、民衆が暴力的に神祇不拝を行ったり諸仏を誹謗《ひぼう》するという行動をとることを、のちの一向一揆や法華一揆に連なる体制否定の論理の地下水脈とみている。

その視点は確かに戦国仏教への一つの道だが、政治闘争や民衆運動の頂点をつないでゆくだけでなく、より日常的な「場」において、鎌倉仏教の何が誰によって受容されたのか、それが追求したものは何なのかを、特に受容する側の論理を尊重しつつ考えることが重要である。

これは普通ならば各宗派の教団の形成史として描かれるものだが、本書においては、むしろ近年の中世社会をめぐる研究成果との接点を意図的に探ってみたい。

たとえば南北朝から室町時代は、「一揆の時代」と呼ばれる。しかしこの場合の一揆は、反体制運動としてのそれではない。この時代、上は室町幕府から下は村や町に至るまで、多かれ少なかれ「一揆」という平等原理による組織で成り立っていた。そのことを示す言葉である。

そのなかの一つである武士たちの「一揆」は、やがて縦社会の縮図のような専制的な戦国大名権力を形作ってゆく。しかし、じつはその場合でも「一揆」的な原理は完全には否定されない。中世社会を覆う「一揆」の論理は強靭《きようじん》な生命力をもったものである。それは宗教とも無縁ではありえないものであった。

また村や町は独自の法や掟《おきて》をもつ社会集団として自立しはじめる。しかし一方、従来からの荘園制の支配原理もいまだ力をもっていた。村や町は荘園制としばしば併存しながら、室町時代独自の社会組織として成長していった。また物資の流通も活発化し、各地にたくさんの湊《みなと》町や宿《しゆく》などの流通拠点が形成される。

このように南北朝から室町の社会は、多少複雑ではあるが、活気に満ちた躍動的な社会なのである。こうした社会を母体にして、身分的には決して高くはないが、巨大な富を蓄えた富裕の人々、有徳人《うとくにん》といわれる人々が広範に出現してくる。彼らこそ戦国仏教の担い手なのである。かつての顕密仏教とそれを支えた荘園制は、ここに至って確実に内部から変化しつつあった。

もう一つ注目したいのは、気候や環境といった社会の具体像である。これは近年、研究者の関心が高まっている点である。中世は成立期には比較的温暖だが、鎌倉時代から間歇《かんけつ》期をはさみ、室町期以後長期的な寒冷期に入るという指摘がある。そしてこれに加え、飢饉《ききん》や災害が頻発した不安定な社会であったという。社会不安は宗教と密接な関係があり、この点と仏教のあり方を探ることは大きな課題となる。

こうした社会の変化と、鎌倉仏教が社会に定着する過程はほぼ重なっているのであるから、教義や信仰だけではなく、その関わりに注目する必要がある。顕密仏教が鎌倉時代の社会のなかで、「暴力」を担っていたように、現実の社会のなかでのその「影響力」について考える必要があるだろう。

なぜ日蓮宗か

さて、数ある鎌倉仏教のすべての宗派について取り上げることは私の力量では到底不可能なので、本書では日蓮が興した日蓮宗（法華宗）を対象としたい。

ではなぜ日蓮宗なのだろうか。私が日蓮宗について若干研究を行ってきたからであることはもちろんだが、他にも理由がある。それは、この宗派の現実の社会に対する関心がすこぶる強いことである。日蓮宗は現在でも浄土宗や浄土真宗とならび、日本の地域においてもっとも定着した仏教である。しかし彼岸《ひがん》浄土への往生という願望が強い浄土宗らと異なり、後で述べるように、歴史的・伝統的な教理においても、またさまざまな局面においても、現実社会への能動的な働きかけが顕著にみられる宗派である。この点において、中世社会の起伏に富んだ変化の上にその定着過程を眺めるのにまことに適した対象である、と考えるのである。

ところで本章の最後に付け加えておきたいのは、中世において、「日蓮宗（法華宗）」という統一的な宗派は存在しないことである。

「日蓮宗（法華宗）」は祖師日蓮が興した仏教として現代では定着した呼称だが、日蓮は自らを天台僧と位置づけていた。そしてその弟子たちは、六老僧といわれる日昭《にっしょう》・日朗《にちろう》・日興・日向・日頂《にっちょう》・日《にち》持《じ》、あるいは日常《にちじょう》たちを中心として、各人が教理を個性的に解釈し、独自に弟子をもち信者を獲得してゆく。これを「門流《もんりゅう》」「門家《もんけ》」などと称する。これらが合従連衡《がっしょうれんこう》を繰り返しつつ、現代の「日蓮宗」に至っているのである。

この複数の「門流」「門家」の存在こそ、鎌倉仏教が社会に定着してゆく道筋が一様ではないことを如実に物語っているのである。

そこで次章では、まず祖師日蓮の生涯と行動について概観し、その仏教と現実の鎌倉時代の社会との関わりを明らかにしてみよう。

第2章　日蓮——祖師の生涯と鎌倉社会

祖師日蓮とその仏教

東国の人、日蓮

日蓮は貞応《じようおう》元年（一二二二）に、東国は安房《あわ》国長狭《ながさ》郡東条《とうじよう》郷（御厨《みくりや》）片海《かたうみ》（現千葉県鴨川《かもがわ》市）に生まれた。

鎌倉仏教の祖師のなかで東国に生を享《う》けたのは日蓮のみである。そのゆえであろうか、日蓮の活動は一度の京畿《けいき》への遊学以外、東国に限られていることに特色がある。

その出自については諸説あるが、海辺に面した荘園の荘官の家に生まれたというのが妥当なところである。のちに「領家《りようけ》の尼」のもと、地頭《じとう》の東条景信《かげのぶ》との訴訟闘争にも勝ち抜いているからである。しかし自らを「海人《あま》の子」「旃陀羅《せんだら》の子」と弥しているように、その家は漁業にも携わるような家であった。「旃陀羅」とは漁撈や屠殺《とさつ》を業とする賤民《せんみん》のことである。幼名を薬王丸・善日麿とも伝える。

やがて天福《てんぷく》元年（一二三三）頃に近くの天台寺院清澄《せいちよう》寺《じ》に初等教育を受けるために登り、嘉禎《かてい》三年（一二三七）頃に出家し、房号を是聖房《ぜしょうぼう》、名を蓮長《れんちょう》と改めた。
清澄寺は叡山の横川《よかわ》系の天台寺院で、虚空蔵菩薩《こくうぞうぼさつ》を本尊とし、標高三八三メートルの清澄山《きよすみ》にあるという地形からみても、典型的な山岳寺院であった。

天台宗はいうまでもなく法華経を重視しており、日蓮と法華経の出会いがここにあることはまちがいない。しかし一方、清澄寺では真言密教との融合も進展しており、天台と真言を併修し、さらに浄土経も入り込んでいた。こうした宗教環境に日蓮は青春を送ったことになる。

しかし清澄寺での勉学と修行に日蓮は飽きたらなかった。やがて鎌倉、そして比叡山など京畿に遊学を試みる。延応《えんおう》元年（一二三九）の頃のことである。知られる限りでも京都や高野山で真言教学を学んだりもしたが、何といっても比叡山での勉学がメインであった。比叡山では清澄寺との関係から横川《よかわ》の房舎に身を置き修行と勉学に励んだといわれるが、東国人の日蓮にとって東国訛《なま》りの言葉の壁も障害となり、門閥重視の傾向を強く帯びた叡山の環境もあって、ついに良き師には恵まれなかったという。

日蓮は次第に経と注釈書に傾倒し、「涅槃《ねはん》経」の「依法、不依人」（法に依《よ》りて人に依らざれ）の教えにより、ついに法華経を「依経《えきょう》」（拠り所とする経典のこと）として強く自覚するに至ったという。
そして天台宗の開祖智顗《ちぎ》や日本天台の祖最澄《さいちょう》の著作に深く馴染《なじ》んでいったという。

度重なる弾圧と蒙古襲来

やがて遊学を終えた日蓮は、建長《けんちょう》四年（一二五二）頃に故郷である清澄寺に帰る。そして翌五年の四月、清澄寺において法華経弘通《ぐずう》（仏の教えを広めること）をはじめる。宗門ではこれを「立教開宗」と呼んでいる。しかしこれは激しい浄土教批判をともなっていたので、寺内の浄土教信者や地頭である東条景信の反発を受けた。加えて日蓮は恩人の「領家の尼」を助けて景信と訴訟を闘ったこともあり、清澄寺から追放される。

そこで日蓮は、建長八年（一二五六）頃に、鎌倉の名越《なごえ》において弘通を開始する。これからの日蓮はその布教のゆえに多くの受難＝法難を体験するのである。

文応《ぶんおう》元年（一二六〇）には前執権北条時頼《しっけんほうじょうときより》に『立正安国論《りっしょうあんこくろん》』を上呈し、法華経を受持し浄土教を排除することを幕府に迫るが、かえって反発を受け、翌年伊豆に流された。文永《ぶんえい》元年（一二六四）、赦《ゆる》されて安房に帰省した日蓮を東条松原の大路《おおじ》で東条景信がつけねらい襲った。重傷を負うが日蓮はからくも難を逃れ、鎌倉に戻った。これを小松原法難《こまつばらのほうなん》という。

文永五年（一二六八）、国書を携えて日本に服属を迫る蒙古《もうこ》の使者が来ると、『立正安国論』の「他《た》国侵逼難《こくしんぴつなん》」が現実化したとして日蓮に帰依する人々も増えていった。この時期の日蓮は「是一非諸《ぜいっぴしょ》」（法華経のみに依るべきという主張）というラジカルな主張のもと、浄土教のみならず律宗や禅宗の批判にも至り、ついに文永八年（一二七一）九月、訴えにより得宗御内人《とくそうみうちびと》の平頼綱《たいらのよりつな》に捕縛され、竜口《たつのくち》

（現藤沢市片瀬《かたせ》）で斬首《ざんしゅ》されるところを、あやうく助命される。蒙古襲来に備えて、日蓮らの言動が秩序を乱すものと危惧されたことによる。これを竜口の法難または文永八年の法難という。

佐渡に配流された日蓮は文永一一年（一二七四）まで四年の流人《るにん》生活を送る。そのあいだ、自らと弟子に与えられた受難の意味づけと法華信仰弘通者の使命感を『開目抄《かいもくしょう》』に、そして法華経信仰の実践の表現としての唱題（南無妙法蓮華経《なむみょうほうれんげきょう》と唱えること）の救済論的意味づけを『観心本尊抄《かんじんほんぞんしょう》』の著作にまとめている。

佐渡の苦境における思索は、確実に日蓮の思想を深めたのである。またこの間、文永九年に北条時《とき》輔《すけ》の乱が起こると、日蓮が予言した「自界叛逆難《じかいほんぎゃくなん》」の現実化として世間では受け取られた。

身延、そして池上

文永一一年の四月、日蓮は赦されて鎌倉に召喚され、平頼綱と会見する。ここで日蓮は蒙古の来襲に備え、真言密教を重用してはならないと諭すが、頼綱には聞き入れられずに、鎌倉を出て漂泊の旅に出る。果たしてまさにその年の一〇月、蒙古は来襲するのである。

しかし日蓮はふたたび鎌倉には帰らず、一時の住みかとして依った有力檀越《だんおつ》波木井《はきい》氏の住郷である甲斐国波木井郷（現山梨県南巨摩《みなみこま》郡身延町《みのぶちょう》）の身延山に隠棲し、そのまま最晩年の弘安《こうあん》五年（一二八二）まで滞在することになる。

身延で日蓮は粗末な草庵を結び、『撰時抄《せんじしょう》』『報恩抄《ほうおんしょう》』などの執筆を進め、またようやく成長しつつあった各地の檀越らに、書状や自らが生み出した信仰生活の中心を占める独特の曼荼羅《まんだら》本尊を授与したりしている。そのなかで信仰をめぐって親子の軋轢を生じた武蔵の池上宗仲《いけがみむねなか》や、主人江馬《えま》氏と齟齬をきたした四条頼基《しじょうよりもと》のような檀越もいたが、日蓮は世俗よりも宗教上の価値を優先する出世間《しゅっせけん》主義の立場を弟子たちにも求め、これを貫徹させている。

それればかりでなく、檀越南条時光《なんじょうときみつ》のいる駿河では、弘安二年（一二七九）にはいわゆる熱原法難《あつはらのほうなん》にも対処した。これは駿河富士郡熱原（現静岡県富士市厚原）で、日秀《にっしゅう》や日弁《にちべん》らに指導され信仰を得ていた百姓らが、得宗権力により捕縛され、ついにはその一部が斬首になった事件である。日蓮は身延より訴訟闘争を主導し、百姓らを救出すべく努力している。ここには日蓮の信仰の広がりと深まりが示されている。

しかし身延での生活は次第に日蓮の身体を蝕《むしば》み、慢性的な下痢をともなう「やせやまい」に悩まされるようになった。弘安五年九月、病身を癒《いや》すべく身延を出て常陸の温泉に湯治《とうじ》に向かうが、途中、武蔵池上の池上宗仲の館にとどまり、ついに一〇月一三日にこの地で終焉を迎えたのである。時に日蓮六一歳であった。

法華経至上主義の意味

こうした日蓮の生涯と行動は、比較的よく知られた事実である。しかし、なぜ日蓮が数ある経典のなかから法華経に至上の価値を見いだしたのか。そのことにどのような意味があるのか、については、現代の我々にはなかなか理解しがたいものがある。やや煩雑になるが、高木豊氏や最近の佐藤弘夫氏らの重厚な研究を参照しながら解説してみよう。

日蓮が法華経を「依経」として選択した背景には、まず清澄寺と延暦寺という天台宗の修学があることは当然であるが、何よりも日蓮の法華経至上主義の特色は、法華経以外の諸経を否定するところにある。「依経」を中心にして諸経を位置づけることを「教判《きょうはん》」＝「教相判釈《きょうそうはんじゃく》」というが、通常は諸経の共存と信仰の共存を認め、諸経を格付けする。しかるに日蓮の場合は第一の経が法華経であって唯一のものであり、第二、第三のものは存在しない。その意味で法華経以外の諸経を否定する法華経至上主義、法華経択一主義ともいうべきものであった。

文永八年の法難の時に日蓮に向けられた非難である「是一非諸」とは、まさにこの点を正しくいい当てているのであり、それは諸経の調和を説く顕密仏教を明らかに逸脱するものであったことになる。ただ、当初から日蓮がこの立場に立っていたわけではない。日蓮を取り巻く当時の仏教界では、ある教えの至上視が即、他教の排撃には結びつかなかった。そのなかで「選択《せんちゃく》本願念仏説」を掲げ、称名《しょうみょう》念仏こそ末代の衆生を救う唯一の手だてである、としたのが法然浄土教である。その専修念仏が革新的であることに疑問の余地はないだろう。

この法然浄土教こそ、日蓮がまず真っ先に否定すべきものと考えた相手であった。日蓮は比叡山への留学に際して、天台宗のメッカにおいてさえ法然浄土教がはびこっていることを目の当たりにし、これを否定すべきものと考えるようになった。そして「立教開宗」にあたって法華経を唯一至上のものとし、念仏を激しく批判することになる。つまり日蓮の法華経至上主義は、当初は法然浄土教との対決のなかで育《はぐく》まれたものであり、それを実践することを課題とするものであったのである。

そのことは同時に、次のような課題を追求することでもあった。それは、浄土教が否定する現実の社会＝娑婆《しゃば》世界をどのように肯定するか、という問題である。浄土教は現実の「此土《しど》」を「穢土《えど》」として否定し、「彼岸」の西方極楽浄土に往生することを願うものである。これに対して浄土教以外の聖道門《しょうどうもん》（自己の力によって修行し、この世で悟りを開こうとする教え）は、いずれも「此土」の意義を立て直すことが必要となる。日蓮の仏教は現実の鎌倉社会を強く意識したものであった。

『立正安国論』

このことがもっともよくあらわれているのが、『立正安国論』の内容とその上呈をめぐる顚末《てんまつ》である。さきにみたように、文応元年（一二六〇）に鎌倉幕府の前執権北条時頼に提出されたこの書は、為政者の政治の変革を促すために書かれた「勘文《かんもん》」の系譜を引いており、幕府に法然浄土教の排除を要求した書であることはよく知られている。

客と主人の説いて曰《いわ》く、答えて曰くが繰り返される問答形式をもつこの書のなかで、日蓮は災害が頻発する理由として、悪法が流布したために国土守護の善神と聖人が日本を捨て去り（「善神捨国」「聖人辞所」）、悪鬼邪神が跋扈《ばっこ》していると指摘する。悪法とは法然の浄土教に他ならない。したがってこれを禁止して正しい教えである法華経を広めれば（「立正」）、日本国は安穏となり人々の平和な生活が実現することになるが（「安国」）、もしこのまま悪法の跋扈を許せば、「国」の混乱は一層まし、「自界叛逆難」（内憂）と「他国侵逼難」（外患）が起こるであろう、と主張している。

この日蓮の「国」を国家権力とみて、第七段にある「先ず国家を祈って、すべからく仏法を立つべし」の言葉から日蓮の立場を国粋主義的に解釈するむきもかつては見受けられた。しかし現在、日蓮の「国家」は、「仏法の存在基盤としての国土と人民を中心概念とするもの」であり、この箇所も、個人的な往生よりも国土の安穏と人民の生活を優先して考える必要がある、と解釈されている。これは、「安国」「護国」を支配者、特に天皇の安泰と同義とする顕密仏教の論理を明らかに越えたものである。

またここには、日蓮は顕密仏教において癒着していた「王法」と「仏法」（王法・仏法相依論）を切り離し、「王法」を「仏法」の一段下に位置づけることにより、政治権力を徹底して手段化する論理をみることができる。ここに法華経を護持することが即、現実変革の主体になるという日蓮の信念があらわれているのである。こうした「国」を捨てて、彼岸浄土を希求する法然浄土教が日蓮の排撃の的になることは至極当然ということになろう。

災害と飢饉の日々

そしてこうした認識に日蓮を至らしめたものこそ、当時の鎌倉を中心とする現実社会の悲惨な有様だったこともしばしば指摘されているところである。

『立正安国論』の有名な冒頭で次のように日蓮はいう。「旅客来つて嘆いて曰く、近年より近日に至るまで、天変・地夭《ちよう》・飢饉・疫癘《えきれい》、遍《あまね》く天下《てんが》に満ち、広く地上に迸《はびこ》る。牛馬巷《ちまた》に斃《たお》れ、骸骨路《がいこつみち》に充《み》てり、死を招く輩《ともがら》、既に大半を超え、之を悲しまざる族《やから》、敢《あえ》て一人《いちにん》も無し」。この有様は、直接に日蓮が体験した、正嘉《しょうか》元年（一二五七）から文応元年（一二六〇）にかけて頻発した災害とそれにともなう飢饉などを示したものであった。

正嘉元年八月二三日、鎌倉を大地震が襲った。鎌倉幕府の史書『吾妻鏡《あずまかがみ》』には、「大地震、音あり。神社・仏閣一宇として全きはなし。山岳は頽崩《たいほう》し、人屋は顛倒《てんとう》す。築地《ついじ》皆ことごとく破損す。所々に地裂け、水湧《わきい》出づ。中の下馬橋《げばばし》辺の地は裂け破れ、その中より火炎燃出づ。色青しと云々」とある。その後も地震はやまず翌年八月には暴風が激しく吹き、諸国の損亡も広まり、将軍宗尊《むねたか》親王の上洛《じょうらく》も取りやめになった。

翌正元《しょうげん》元年（一二五九）には飢饉と疫病が襲ってきた。世にいう正嘉の飢饉のはじまりである。幕府は寺社に命じて数々の祈禱を行わせたがまったく験《しるし》はなく、かえって飢饉は増長をみたという。これが日蓮がみた社会の現実であり、続出する災害と飢饉、というこの世の地獄を目の当たりにして、日蓮が現実世界の救済のために起こしたアクションこそが『立正安国論』の執筆と幕府への上呈であったのである。

正嘉の飢饉については、親鸞も言葉を残している。東国の門徒が京にいた親鸞に災害のことを知らせた。親鸞は「老少男女、おほくのひと〴〵のしにあひて候らんことこそ、あはれにさふらへ、たゞし生死《しょうじ》無常のことはり、くはしく如来《にょらい》のときをかせおはしましてさふらふうへは、おどろきおぼしめすべからずさふらふ……」（『末燈鈔《まっとうしょう》』）と書き送っていた。

親鸞にとって、現実世界の人々の生死は、阿弥陀如来《あみだにょらい》の理の示す事態であって、ことさらに驚くことではないというのである。法然浄土教の法水を汲《く》む親鸞と、日蓮の災害に対する意識の相違、その仏法の位置づけがまったく異なることが理解できる。しかし中世の日本において、災害や飢饉のもつ重みは正嘉の飢饉にとどまるものではなかった。

一二六〇年の社会史

都市の時代

日蓮が安房から鎌倉に布教に赴き、そして『立正安国論』を上呈した文応元年（一二六〇）頃とは、いかなる時代であったのか。日蓮の社会認識を深めることになった災害や飢饉とはそのなかでいかなる意味をもつのか。近年の中世社会史研究の成果をもとに考えてみよう。

一二世紀後半に成立した鎌倉幕府は、承久《じょうきゅう》の乱（一二二一年）を経てようやくその政権の基盤を安定化させた。特に東国では都市鎌倉の発展が顕著にみられる。貞永《じょうえい》元年（一二三二）、浜には飯島津《いいじまつ》の先に人工の築島である和賀江嶋《わかえ》が造られ、外港の武蔵国六浦《むつら》（現横浜市金沢区《かなざわ》）とともに、大型船も寄港できる湊が整備された。この時代は禅僧の往来が活発化し、唐船がしきりに鎌倉に来港し、東アジアとの交易が隆盛となる。

それにともない博多から鎌倉、さらには奥州《おうしゅう》への舟運ルートが整備された。また京も王朝都市として、六波羅探題《ろくはらたんだい》が置かれ御家人らの大番役《おおばんやく》も設定されて発展し、中継地として各地の湊や宿や町の発展もみられた。この時代はまさしく「都市の時代」であったのである。

日蓮は文永二年（一二六五）の『薬王品得意抄《やくおうぼんとくいしょう》』で「例せば、世間の小船等が筑紫より坂東《ばんどう》に至り、鎌倉よりいの嶋なむとへつけ《（着）》ども、唐土へ至らず」と述べ、また建治《けんじ》四年（一二七八）の書状で「大乗と申は大船也、人も十・二十人も乗る上、大なる物をもつみ、鎌倉よりつくし《（筑紫）》、みちの国《（陸奥）》へもいたる、実経と申は又彼大船の大乗経にはにるべくもなし、大なる珍宝をもつみ、百千人のりてかうらい《（高麗）》なんどへもわたりぬべし」（『乙御前御消息』）と述べている。これらは経典を船になぞらえたものだが、その喩《たと》えはこうした発展を背景にして、はじめて説得力をもつものであったろう。

鎌倉市中でも、御家人の集住が進み、町並の整備が行われる。鶴岡八幡宮《つるがおかはちまんぐう》と若宮大路《わかみやおおじ》を中心に武士の屋敷が建ち並び、建長寺《けんちょうじ》や極楽寺《ごくらくじ》、円覚寺《えんがくじ》などの大寺院が次々に建立された。そして「小町屋《こまちや》」と称される商業地区が成立している。

幕府は建長三年（一二五一）に七所、文永二年（一二六五）に九所として大町《おおまち》・小町《こまち》・米町《こめまち》・魚町《いおまち》、和賀江や気和飛坂（化粧坂《けわいざか》）山上などの境界、また大蔵《おおくら》（倉）辻《つじ》や亀谷辻《かめがやつつじ》といった辻々などに「小町屋」を定めている（『鎌倉幕府追加法』）。しかし発掘調査の成果によると、町屋と推定される遺構はこれにとどまらず多くの場所から見つかっており、実際にはさらに多くが存在していた。これらを拠点として「町人」や「道々輩《みちみちのともがら》」「商人」といった商工業者が多く存在していた。日蓮が名越に草庵を構えた頃は、まさにそうした時期であった。

一三世紀のカタストロフ

しかし一方、この世紀は災害と凶作、飢饉が繰り返された時代でもあった。源平争乱の養和《ようわ》年間（一一八一〜八二）の気候不順と凶作、大飢饉は有名だが、この世紀になると、『吾妻鏡』などから鎌倉を襲ったたくさんの地震も確認できる。

藤木久志氏は一一世紀から一六世紀までの五〇〇年にわたる災害や凶作、飢饉のデータベースの作成を通じて、中世に繰り返しあらわれるすさまじいその有様を見事に描いているが、それによると一三世紀とは、地震の頻発ともあいまって、間歇的・断続的な大飢饉の集中期とされている。

試みに藤木氏の示した災害年表から「飢饉・餓死」などの記載のある年号だけをあげれば、

正治《しょうじ》　建仁《けんにん》　元久《げんきゅう》　承久　貞応《じょうおう》　嘉禄《かろく》　安貞《あんてい》　寛喜《かんぎ》　貞永　天福　仁治《にんじ》　建長　正嘉　正元
文応　弘長《こうちょう》　文永　建治　弘安　正応《しょうおう》　永仁《えいにん》

と、この世紀のほとんど全般にわたり拾うことができる。日蓮が体験した正嘉の飢饉とは、まさしくその山の一つの頂上であったのである。都市や交易の発展と、繰り返される災害、凶作と飢饉。二つの一見あい矛盾するような現象が同時に存在する社会、それが一三世紀の日本社会であった。

都市鎌倉の光と影

こうした矛盾は、中世都市鎌倉のなかにもっともよくあらわれていた。

日蓮が草庵を構えた名越一帯は、鎌倉の七切通《きりどおし》の一つに数えられる境界・周縁の地であり、切通の中腹、現在「まんだら堂」がある付近には、鎌倉独特の墓石である数多くの「やぐら」と葬送地が広がっていた。鎌倉の市中は幕府の法令により死体の遺棄が禁じられており、飢饉などで死亡した人々の遺骸がここに集められていたに違いない。支配者は死のケガレを都市内部に置くことを好まなかったのである。この凄惨《せいさん》な有様こそ、『立正安国論』の冒頭に描かれたものであろう。

その他の境界である極楽寺坂や化粧坂、小袋坂《こぶくろざか》などにも葬送の地が広がっていた。なかでも化粧坂はさきにみたように「小町屋」がある幕府公認の商業地の一つにも数えられている。市場の立つ商業地と葬送の場が重なっていることは、中世都市の周縁の地にしばしばみられる現象である。

こうした複雑な性格をもっともよく体現している場所が、鎌倉の前面に広がる「前浜」である。「前浜」とは稲村《いなむら》ヶ崎《さき》から由比《ゆい》ヶ浜《はま》や材木座《ざいもくざ》海岸の浜地のことである。

この浜の滑川《なめりがわ》河口部に近い一帯からは、戦後直後からつい最近までの発掘調査によって、数千体と

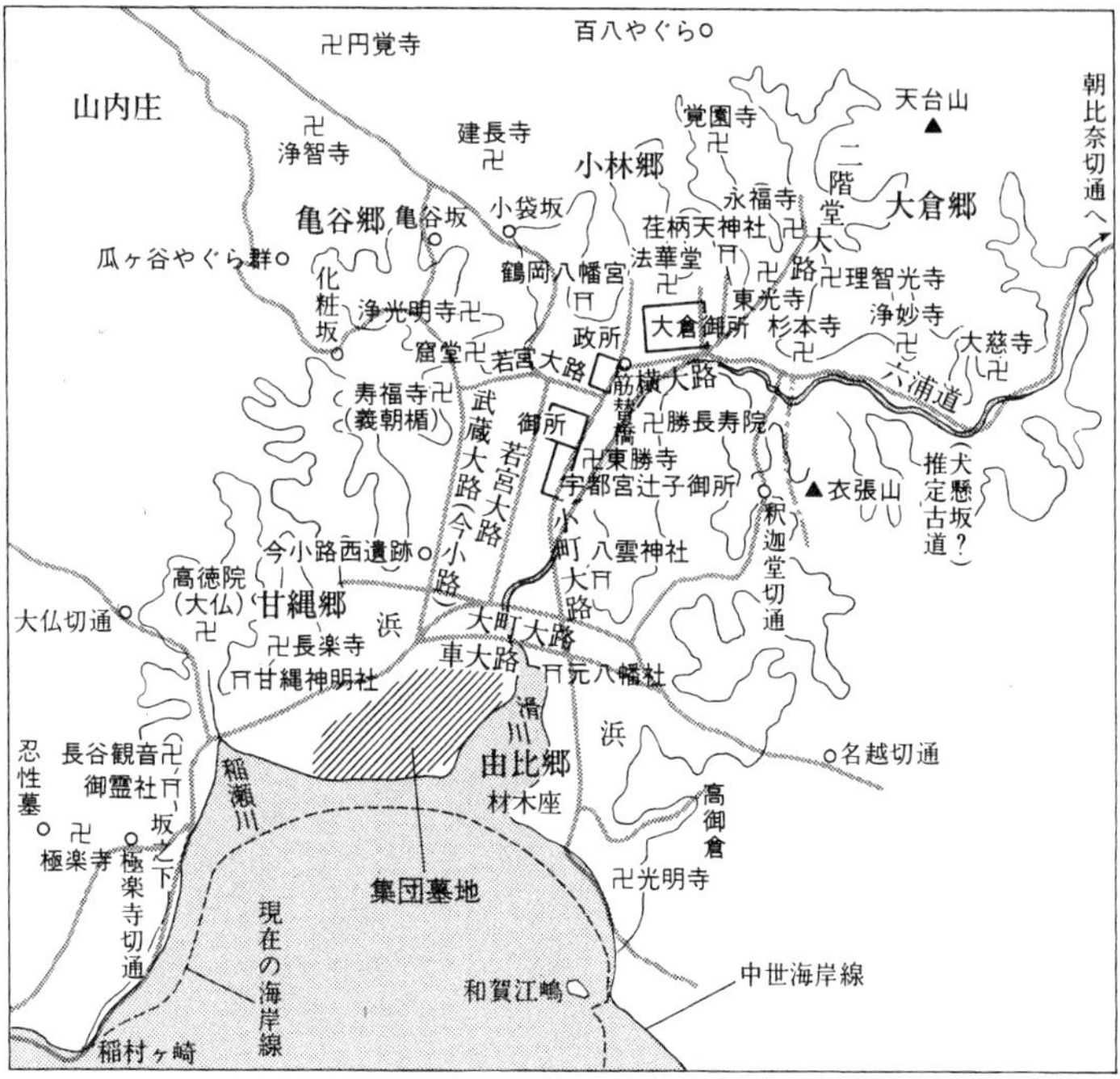

中世の鎌倉

いう夥《おびただ》しい数の人骨の山が発見されている。浜ではしばしば処刑や首実検が行われており、また人骨には刀創や刺し創が認められ、戦争やその他の理由で亡くなった人を埋葬する大規模な集団墓地が営まれていたことがわかる。

興味深いのは、これらの人骨に接して、あるいは重なりあうように地下式倉庫と推定される遺構が確認されることである。これらは湊に付き物の荷揚げされた物品を一時的に保管するための簡素な倉庫群と推測されている。浜に接する材木座に近い高御倉《たかみくら》には執権北条氏の年貢を収納する倉もあり、浜地は湊の荷揚げと保管の機能をもっていたが、その一帯は人骨の埋葬される墓域でもあったことになる。鎌倉の周縁の地とは、まさに死臭と交易の喧噪《けんそう》に満ちた場であったのである。

この「前浜」を管理していたのは、極楽寺の律宗の僧侶であった。鎌倉の律宗は正元元年（一二五九）に北条重時《しげとき》が極楽寺を現在の場所に移し、大和から忍性《にんしょう》を招いて寺院を創って以来発展した宗派である。

極楽寺坂周辺も地獄谷（葬送の地）といわれた境界の地で、忍性らは門前や浜地、鎌倉大仏が鎮座する大仏谷や近くの桑《くわ》ヶ谷《やつ》などで癩病（ハンセン病）患者や非人の施行《せぎょう》（施しを行うこと）などの救済事業を展開していた。忍性の活動も、災害と飢饉の頻発する時代相に置いてみることではじめて、その意義を理解することができる。

しかし他方で律宗は、「前浜」や港湾の管理維持を幕府から委《ゆだ》ねられた存在でもあった。彼らは商業や貿易にも携わる社会事業家の一面ももっており、難民に対する救済事業すら、彼らに対する支配を意味している、とする見解もある。

こうした権力との癒着を、日蓮は「飯嶋の津にて六浦の関米《せきまい》を取ては、諸国の道を作り、七道に木戸をかまへて人別の銭を取ては諸河に橋を渡す……今の律僧の振舞をみるに、布絹財宝をたくはへ、利銭《りせん》借請を業とす。教行既に相違せり……」（『聖愚問答鈔』）と激しく告発し非難している。

忍性らの行いは、幕府権力と仏教の結託した支配、つまり堕落そのものと日蓮の目には映ったのであった。法然浄土教とは別の側面から、日蓮はこれを否定したのである。

鎌倉の「下層民」と日蓮

鎌倉の境界は葬送の場であると同時に、諸方から都市に流れ込んだ流民の寄住の地でもあった。彼らは都市の雑業や葬送の作業に携わるが、やがて病や過労がその肉体を襲う。度重なる災害や飢饉がこれに追い打ちをかける。そして最後は彼ら自身が葬送の地に空しく朽ち果てるのである。

彼らが、律宗や法然浄土教、あるいは日蓮の布教の対象となることはごく自然に理解できる。極楽寺が西の境界に建てられ、日蓮が名越に草庵を結んだ事実そのものが、彼らをターゲットにしていたことを如実に物語っている。そしてこのことは、彼らの取り合いが各宗派のあいだで起こることも意味している。

日蓮の場合、名越に来たのは北条一門の名越氏を通じてであり、その家来である有力信者四条頼基の斡旋によるともいわれるが、もとよりそれだけではなかったのである。

日蓮の草庵の営まれた場所を正確に知ることは不可能だが、現在、名越には草庵の由緒を語るいくつかの法華寺院が集まっている。その近辺の弁《べん》ヶ谷《やつ》に、浄土教系の新善光寺《しんぜんこうじ》があった。その別当として鎌倉浄土教を代表する人物である道教《どうきょう》がいた。彼は忍性と同門でもあり、新善光寺は天台・浄土に律を加えた修学の寺院であったという。日蓮のすぐ隣に対立する浄土教系の寺院が存在していたことになる。

道教は良忠とともに法然の孫弟子にあたり、忍性らとともに日蓮をのちに激しく非難し、幕府による捕縛のきっかけをつくる人物である。

そんな最中の文応元年（一二六〇）八月、日蓮の鎌倉での最初の法難である念仏門徒らによる草庵襲撃事件が起こる。そのなかには念仏門徒に混じって塗師・剛師・雑人《ぞうにん》がいた。剛師はわからないが、塗師は職人、雑人とは当時甲乙人《こうおつにん》・凡下《ぼんげ》といわれた「下層民」である。また別に在家の徳人とあるが、徳人は富裕人（有徳人）のことであり、「まちうど」（町人）もいる（『破良観等御書』）。しかし彼らは当時の身分制のもとでは「下層民」にあたる階層の人である。彼らこそ布教の対象となった人々であった。

一方日蓮にも同じ階層の信者がいた。のちに日蓮の葬送の列に連なった二郎三郎、米町二郎三郎（日位《にちい》）らがそれである。まさしく日蓮や浄土教の布教が、彼らの争奪戦をともなって繰り広げられていたことを示している。

伝説によれば、この襲撃の最中、日蓮は猿に導かれて名越坂の上、お猿畠《さるばたけ》の岩穴に隠れてからくも難を逃れたという。この場所こそ、さきの葬送の地であり、「やぐら」が密集する場であった。日蓮はその真っただ中に生きていた。日蓮の民衆への眼差しは、こうした現実社会の環境のもたらしたものであったのである。

しかしこうした現実は、鎌倉のみのものではなかった。さらに目を広く地方社会に向けてみよう。

『日蓮遺文紙背文書』の世界

日蓮の生きた社会を考える上で、特に興味深い史料群がある。千葉県市川《いちかわ》市の日蓮宗の古刹《こさつ》、中山《なかやま》法華経寺《ほけきょうじ》の所蔵する『日蓮遺文紙背文書《にちれんいぶんしはいもんじょ》』である。

中山法華経寺は、日蓮の直弟子である富木常忍《ときじょうにん》が出家して日常と名乗り、初代の貫首《かんじゅ》（一山一寺の長。特に日蓮宗で用いられることが多い）となった寺院である。日蓮はしばしば常忍の住む下総《しもうさ》国八《や》幡庄若宮《わたのしょうわかみや》を訪れていた。常忍は下総の守護千葉頼胤《よりたね》の被官であり、文筆を主とする官僚であった。市川には古代以来国府《こくふ》が存在し、鎌倉時代でも千葉氏の有力な拠点であった。頼胤は当時、国府近傍の館で政務を執っていたようで、常忍も付近に居住して頼胤のもとに通っていたのである。

法華経寺では日常以来、日蓮から拝受した書状類や日蓮自筆の聖教類が集められ、寺宝として厳重に「宝蔵」に保管されてきた。そのことにより、国宝『立正安国論』『観心本尊抄《かんじんほんぞんしょう》』をはじめとする日蓮遺文の、文字どおりの宝庫として知られている。

昭和三七年（一九六二）、この日蓮自筆のいくつかの聖教の冊子の裏に多くの紙背文書があることが中尾堯氏らにより発見された。それらは日蓮が勉学の際に執筆した『双紙要文《そうしようもん》』『秘書要文』『天台肝要文』『破禅宗《はぜんしゅう》』（以上は国重要文化財）、そして日常の筆とされる『叡山大師伝《えいざんだいしでん》』である。

これらの要文の紙背には、富木氏が仕えた千葉惣領家に関わる多くの中世文書が存在していた。これらを総称して『日蓮遺文紙背文書』と呼んでいるのである。

中世、紙は非常に貴重なもので、常忍は文筆官僚として自らのもとに集まってきた文書のなかで、不必要で反故《ほご》となったものを日蓮の勉学のために提供したのである。日蓮はこれらの文書の裏の白紙を用いて教学上のノートブックを作成した。それが四つの要文類である。その裏に偶然残された文書類が、現代に蘇《よみがえ》ったのである。

その文書の年代は、およそ建長年間（一二四九〜五六）から文永初年（一二六四）頃のものが大半を占めており、まさに日蓮の前半生に重なる。通常の中世文書は、不動産や家の存続に関するものなど、残されるべくして残されたものである。それに対して、紙背文書は破棄されるはずのものが偶然伝来したものである。その意味で、通常では窺《うかが》い知れない、いわば歴史の闇《やみ》を映し出すもので、その価値は計り知れない。

日蓮は裏の文書をみたか

一つ興味深いのは、日蓮自筆の書状が一点、なぜか紙背文書のなかに伝来していることである。建長五年（一二五三）の一〇月と推定される日付のこの文書は、安房の清澄寺で法華経信仰への帰依を明言した日蓮が、地頭東条景信に圧迫を受けた直後のものであり、富木氏の身近に身を隠していたことを示すものである。

日蓮は富木常忍に対して、使いを受けた礼を述べ、しかし昼は「見苦しい」ので、夕方の酉《とり》の刻（午後五時〜七時）に参る、と述べている。いまだ迫害を恐れてか、人目を忍んで常忍の館に赴く姿が彷彿《ほうふつ》とされる。日蓮と富木常忍は強い絆《きずな》で結ばれた師弟であった。富木氏は元は因幡《いなば》国法美《ほうみ》郡富木郷（現鳥取市）の国府に出仕していた官僚であったのが、千葉氏にスカウトされて下総国にやってきた存在であったことがわかっている。

このように、日蓮の周辺には国府などで経験を積んだ知識人のネットワークが存在していた模様である。日蓮の該博な知識の源泉の一つが窺えるだろう。

その他、伝説で日蓮の出自とされる貫名《ぬきな》姓を名乗る人物が富木氏の周辺にいたことを示すものなど、注目すべき文書もある。紙背文書は、以前はわからなかった日蓮伝の隙間《すきま》を埋める貴重な情報に満ちたものでもある。

ところで余談だが、紙背文書に接するたびに、私はいつも日蓮は裏の文書をみていたのかという疑念に駆られる。普通、裏が用紙として提供される場合は、一度刷毛《はけ》で表の文字を落とし、霧を吹きかけて棍棒《こんぼう》でなめしてから利用に供されたという。その意味では、こうした問いかけは無意味かもしれない。しかし、見方を変えれば、日蓮は繰り返しそこに書かれた「現実」をみてきたのだ、といえるかもしれないのである。以下、紙背文書の世界を垣間見てみよう。

鎌倉での千葉氏

まずは千葉氏と鎌倉をめぐる事実からみよう。千葉氏は幕府を支えた巨大な御家人で、建治年間（一二七五～七八）の「御家人交名《きょうみょう》」では「鎌倉中」とあり、鎌倉に戸籍を置いているような存在であった。しかし常にそこにいるわけではなく、鎌倉には代官を置いて幕府との日頃の折衝にあたらせていたことがわかる。法橋長専《ほつきようちようせん》という人物である。

彼が国許の常忍に宛てた手紙が紙背文書にはたくさん残っている。それらによると、長専がもっとも心を砕いていたのは、幕府から賦課されるさまざまな役をいかに処理するか、という問題だった。彼はそれを「御領をば空しき様にはなし候べき、と存候しかば、沙汰《さた》つかまつり候」と述べる。つまり賦課を拒否すれば所領没収の憂き目にあうので、とにかく沙汰しなければならない、というのである。

その役とは、幕府の鎮守である鶴岡八幡宮の流鏑《やぶさめ》馬役や、八月に行われる放生会《ほうじようえ》の随兵の役、将軍御所で将軍への饗応《きようおう》を行う垸《おう》（埦）飯《ばん》役などであった。

また、京の内裏を警固する京都大番役を建長元年（一二四九）と同六年の二度勤めていることもわかる。京の王朝国家への奉仕はこれにとどまらず、建長元年には閑院内裏《かんいんだいり》と蓮華王院《れんげおういん》が相次いで焼失したことで、その造営役が賦課されている。

これらは幕府が国家的な事業を請け負っていることを意味しているが、それは即、千葉氏ら御家人に転嫁されていたのである。長専は相次ぐこれらの役を果たすために、まさに諸事に奔走する。

鎌倉・京・筑紫

ところで京とのつながりは、一方で千葉氏ら御家人には重要な意味ももっていた。

千葉氏は肥前《ひぜん》国小城《おぎ》郡（現佐賀県小城市）に所領をもっていたが、その地の天台寺院岩蔵山《がんぞうざん》院主寛覚《かんがく》は、かねてより寺内の反対勢力に訴えられたことを不服として、惣地頭千葉氏に陳弁（控訴）を望んだ。すると子細を申し開けという召文《めしぶみ》が千葉氏より下された。そこで建長七年（一二五五）、千葉氏が大番役で京に滞在していた折に肥前から上洛して子細を言上している。

現地小城の支配者である小地頭たちも役夫の過重な賦課を不服として千葉氏に「列訴」を企てるが、これも千葉氏の在京をねらってのことと推測できる。千葉氏の在京は、西国の所領の維持やその訴訟の受理にとり、重要な役割を担っていたのである。

また閑院内裏造営にあたっては、九条家と関係が深い堂僧了行《りょうぎょう》が強権をもって造営を差配している。その後謀反の咎《とが》で誅《ちゅう》されるが、彼は千葉の千葉寺《ちばでら》の出身で、入宋《にっそう》経験もある僧侶であった。また東国では逆に、肥前神埼《かんざき》郡出身の国分季行《こくぶすえゆき》が千葉氏のもとで活躍していた。このように、千葉氏は京や九州を股にかけ活動し、人的にも活発な交流を組織していた。富木常忍がスカウトされて下総にやってきたのも、こうした人的な交流の一環であったといえるだろう。

こうした当時の武士の地域間の交流をもっともよく示すものは、千葉氏の大番役にかかる経費の調達をめぐる史料である。

東国にいる当主千葉介《ちばのすけ》が番役で京上するためには用途二〇〇貫文が必要であった。この費用が手元になかった模様で、千葉介は「小城の惣領」、つまり肥前小城郡の「惣領」（千葉胤泰《たねやす》か）が京上する用途の銭をこれに充当する形で確保した。その調達にあたったのは、「介馬允《すけうまのじよう》」という「借上《かしあげ》」（金貸し）であった。彼は「借上銭」をこれに充て、自分は千葉介が書いた借書《しやくしよ》（替銭《かえせん》の手形）を手に「筑紫」＝小城に下る。しかしその銭の回収はあまりうまくいかず、千葉氏は京の大宮の土地を質に入れてこの銭を返済している。

ここから、千葉氏が各地の所領とその年貢を当て込んで借金をしていること、そして千葉介が振り出した借書を手に、銭の調達・回収にあたる高利貸しがいることがわかる。これはとりもなおさず。千葉氏が列島の所領を股にかけて支配し、そのあいだに信用経済さえも介在させていることを示している。

千葉氏のような巨大な御家人は、列島に網の目のような連絡網を擁する総合商社のような存在であったのである。京もその重要な結節点の一つであった。これは日蓮が述べた筑紫から鎌倉への船のルートと、まさに重なりあう。

迫り来る債鬼

こうした組織はしかし、必ずしも順調に運営されていたわけではない。

京上銭を調達した「介馬允」という借上のように、そこには経済発展には付き物である高利貸し資本の影がつきまとっている。彼は「介」を冠しており、また千葉家の家産を熟知しているところから、いわば千葉介専属の高利貸しと思われる。幕府の法令にみえるように、当時の鎌倉にもたくさんの

「借上」「利銭」といった高利貸しがいた。そして千葉介の家産は彼らへの依存なしにはやってゆけないほどの困窮に陥っていたことが、紙背文書から窺えるのである。

鎌倉代官長専は、幕府の役を果たすために、鎌倉の「借上」「利銭」から多額の借財をしてこれをしのいでいた。時には垸（埦）を行うために所領を質に入れていたことさえあるほどである。そしてその返済を求めるさまざまな「使」（責使《せめづかい》・借上米未進の責使・せにせうのつかひ・かねのせめつかひなどと呼ばれている）、つまり借金取りに追い立てられる多重債務に陥っていた。長専はその有様を「ある時は二三十人と群がり立ち候て、高声に罵《ののし》り候間、鎌倉習い（鎌倉によくあること、の意味）、門前市をなすときも候」と述べている。

長専は当時千葉氏の屋敷にいたか、あるいは隣接した代官屋敷に住んでいたのであろうが、「市をなす」ほどにその門前に債鬼《さいき》が押し寄せるのである。発掘の成果によれば、鎌倉の町屋は武家屋敷に隣接して相当建て込んでいた模様であり、その町屋や千葉氏の屋敷が返済を求める債鬼の怒号や喧噪に包まれていたのである。しかし長専はこうした努力にもかかわらず、「上《かみ》」（千葉氏）の覚えが良くないことを嘆く愚痴を同僚である常忍にしばしばこぼしている。

こうした光景は、単なる困窮ではなく、当時の幕府経済のもつ構造的な問題から来るものでもあった。これも長専によると、武蔵国豊嶋《としま》郡千束《せんぞく》郷（現台東区千束付近）の年貢米が鎌倉御所の給料に充てられ、その振り出しを求めて「面々請使《うけづかい》」に散々責められたとある。

千束郷は当時千葉氏の所領であったが、その年貢米が幕府の給料に充てられる関係にあった。年貢米は千葉氏の鎌倉屋敷の倉に運び込まれ、長専の手によって切米《きりまい》として払い出されていたのである。幕府の政所《まんどころ》にも倉があり、地頭の請所《うけしょ》の年貢が払い出されていたりしていたが、千葉氏ら御家人の年貢米と倉が、このような機能を担わされていたのである。当時の給料取りとは、御所の雑事などに従い、そのことで糊口《ここう》をしのぐような人々であった。長専は彼らを「大様《おおよう》、わびしき人々」である、と述べている。債鬼の手先となったり、わずかな給料を頼りに鎌倉の町屋で生活する「わびしき人々」。彼らこそ、日蓮がみた鎌倉の「下層民」たちの姿ではなかったろうか。

長専は彼らを「井中（田舎）」へ具して下ろうとする。つまり下総へ連れてゆき、債務を処理しようとする。しかし彼らは尻込みをして従おうとはしない。彼らは都市の下層社会でしか生きられない存在なのであろう。

長専が下ろうとする「井中」はそれほど厳しい社会であったのである。また長専は、その地で債務を地元、もっといえば地元の民百姓に転嫁しようとしていたのではなかったろうか。そこで次に当時の地方社会の民衆へさらに目を向けてみよう。

地方社会と民衆

「田舎」所領の現実

千葉氏に賦課された閑院内裏や蓮華王院の造営用途《ようと》（費用）は、その家臣や一族の領する荘園や郷村に転嫁されていた。閑院内裏の造営に際して、千葉頼胤（亀若丸）は、幕府から「御公事《おんくじ》」を配分されても、所領を一族に分割してしまったため、思うように配分ができない、と幕府に嘆いている。裏を返せば、当初はこうした賦課の配分の方法が存在したのである。

蓮華王院造営の用途については、各所領の知行主に賦課されていたようで、彼らが「分限《ぶげん》」（所帯の大きさ）に従って直接六波羅の奉行人に沙汰するように命じられている。千葉介は彼らが六波羅から受け取った請取（受領書）を集めることでこれを把握していた模様である。

また、幕府御所の「美女《びじょ》雑事」の「四月更衣《こうい》装束」の用途が千田庄《ちだのしょう》（現千葉県香取《かとり》郡多古《たこ》町・香取市など）や印東庄《いんとうのしょう》（現佐倉市）に賦課されている。「美女」とは貴人に仕える女房の身分のことであり、その「美女」の更衣装束のための用途が地域に賦課されていたのである。

こうした用途は、地元の百姓らを確実に圧迫していた。蓮心《れんしん》なる人物が常忍に充てた手紙によると、彼は香取・千田庄辺にいる人物らしく、常忍からたびたび催促されたにもかかわらず、鎌倉へあげる「かうれう（飼料）」が一つもない、と嘆いている。その理由として彼は旱魃《かんばつ》と水損がひどく田がまったくダメになってしまったと述べ、特に千田庄岩部《いわべ》（現香取市）というところがひどく、百姓ですらまったく手に負えない状態だ、としている。

同様の事態は、鎌倉の御所造営のために行われた材木の徴発にもみられた。時期からして建長四年（一二五二）の宗尊親王の将軍就任にともなう御所新造に際して、千葉氏にも材木の供出が命じられた。長安なる人物は、「御所つくり」のために山から伐採された材木が筏流《いかだなが》しの際に多少失われたので、ふたたび山に人夫を入れ伐採をはじめたところ、「いんとう（印東）の人夫」をはじめとする人夫たちが逃げ帰ってしまった。それは「とにもかくにも夜を日に変えるようにして山へ入らなければならない。それでも日にちがまったく足りない」という苛酷な労働を強いられたからである。度重なる負担が、下総の千葉氏所領に生きる人々を圧迫していたのである。

これに加えて、地域でも「借上」が跋扈している。隆印なる人物の書状には、常総国境付近の香取内海《うちうみ》で発生した金融のトラブルが記されている。

それは鹿島神宮《かしまじんぐう》と千葉氏の庶子木内氏のあいだでの貸借関係のトラブルに端を発したもので、千葉氏の法廷が些末《さまつ》な金融トラブルを裁いていることにまず驚かされる。そしてここには、これと別件で源内入道という「借上」が一貫・二貫という少額貸付の金融活動を行っており、隆印とトラブルとなっていること、また別に「千田殿の召し仕候借上」がおり、「近所の人々の弁《わきま》えぬ」事態があることが記されている。地方においても「借上」が暗躍していたのである。

民百姓の苦しみ

紙背文書のもう一つの大きな特徴は、人身や動産をめぐる紛争、いわゆる検断沙汰《けんだんざた》や雑務沙汰《ざつむざた》をめぐる相論が多いことである。なかでももっとも興味深いのは、当時の下人や所従《しよじゆう》といった下層の人々（奴隷）をめぐる紛争である。

文永二年（一二六五）一二月の同じ一二日の日付をもつ二通の奉書がある。これは奉行である富木常忍ほか三名が千葉氏の意を受け、吉田の百姓である検校太重永の訴えに対して出した命令書である。

これには、兄である検校太が弟の検校六男により自分の娘を刑部左衛門に売り飛ばされてしまったことが記されている。検校六男は負債を抱え、そのカタに兄の娘を質に入れてしまった。質入れした相手は一通の奉書の充所《あてどころ》（充先）である宮内御坊である。やがて六男の返済が不可能になった時、宮内御坊は人質の娘を売った。その相手が刑部左衛門なのである。この訴えに対し、千葉氏は六男の行為を不当なものと判断し、検校太が拘束した六男を娘の代わりに受け取るよう刑部左衛門に伝えたのである。

吉田とは下総の香取郡か印旛《いんば》郡の村で、弟検校六男の負債はおそらく年貢などの未進《みしん》であったのだろう。食い詰めて入れる質物もなくなった六男は、こともあろうか兄の娘を質物にしたのである。しかし結局は自分自身が債務のカタに売られることになった。当時はこうした人質や人身の売買が頻繁に行われていたのである。この場合、六男は債務奴隷として下人となり百姓身分から転落することになる。

同じような例として、大須賀庄長田《おおすがのしようながた》（現成田市）の沙弥進士《しやみしんし》入道の場合がある。申状によると、彼は香取・大戸《おおと》（現香取市）・神崎《こうざき》（現神崎町）の分の作料米を未進したところ、そのカタとしてまず八郎太を質に入れた。しかしさらに去年の未進を返済することができず、重ねて六〇歳の姥《うば》一人、子二人、下人一人の以上四人と資財雑具や苧《お》・麻を取られ、このうちの下人を売った代など一四貫を国衙《こくが》の役人である目代《もくだい》に年貢として払ったとある。進士入道から質を取ったのは他の人物であり、この地の地頭であろう。

彼に対する未進の責めはその後も続き、とうとう生きているのも不思議なほどであるという状態になる、それでも千葉氏の「御領」は離れがたいので、彼は千葉氏に訴えて質物である家族らを返してもらう代わりに、自らが千葉氏の姫御料の従者となる道を選んだ。つまり彼も年貢の未進を契機として、長田の住民身分から転落し、従者（奴隷）となってしまったのである。

こうした債務奴隷への転落の背景には、災害と飢饉の影響が深く影を落としている。下野《しもつけ》国安蘇《あそ》郡堀籠《ほりごめ》（現栃木県佐野市）の動垂弥太郎国光という人物は、千葉氏に充てた申状で、自分は寛喜年中（一二二九〜三二）に下総国を出て他国を放浪していたが、それは「世中餓死極まり無し」という情勢のゆえであったとべている。彼は親類ののゆくえさえ知らない有様であるのに、親族の残した負物《ふもつ》のカタに馬質を取られたことを不服とするのである。彼の放浪は、飢饉で食い詰めた上での流民と化したものであった。

寛喜年間の飢饉は一三世紀のそれのなかでも特にひどいものであった。幕府は寛喜三年を「餓死の比《ころおい》」と呼び、飢えた者を買い取って養えばこれを奴隷として召し使っても構わないという法令を出す。本来は人身売買は禁制だが、飢饉の年ばかりはこれを許すというのである。

また寛元《かんげん》三年（一二四五）にも幕府は、身よりのない飢人を末代まで奴隷とすることを許し、それが親類の場合は、一代に限って許し転売や子孫に譲ることを禁止している（『鎌倉幕府追加法』）。つまり、飢饉に際しては奴隷売買が容認され、奴隷となり生き延びることがむしろ奨励されたのである。飢え死にするよりはまし、というわけである。

一方、在地領主（武士）を中心とする支配者層は、奴隷を買い集めたり、借金や未進のカタに集積することで、自身の家や農業経営に使役していた。たとえば安芸国（現広島県）の田所氏は正応《しょうおう》二年（一二八九）に所領の目録を作成するが、そこには膨大な所従の姿がみられる。それは、千葉氏の従者と同じ人々の姿であろう。

奴隷解放をめぐる論理の相克

しかし一方、下人や従者たちは、こうした奴隷身分に甘んじてばかりではなかった。紙背文書は、彼らが自らの解放を求めさまざまな行動を起こしており、時には彼ら自身が千葉氏に提訴さえしていたという事実を伝えている。

冠者重吉という人物が千葉氏に提出した申状によると、元仁《げんにん》元年（一二二四）頃、彼の父が重吉を質に入れ石見公《いわみこう》御房から二斗の出挙米《すいこまい》を借りたことが発端で紛争が起きる。

翌年一一月、この米を返済できず重吉は従者として石見公に多年のあいだ奉仕することになった。この奉公により重吉は借りた米の分はすでに返済したと考え、そのように石見公にいったところ、彼は多年にわたり温情をかけ召し使ってきたのに、その恩を忘れるとは何事か、と身ぐるみ剝《は》いで重吉を追い出した。重吉は力及ばず他人に身を寄せることで得た六斗の米で出挙米を返済した。しかし石見公は重吉を拘束し、身の代の証文も返却せず、なお利息の分が未返済だとして守護所に訴え重吉を責め立てる。

重吉はこれに対し千葉氏の安堵状《あんどじょう》をもらって守護所に進上し、石見公の押妨《おうぼう》を止めてほしいと言上する。問題の出挙米は、返済時期が収穫時の一一月という点から考えて、おそらく年貢米の作付けのための種籾《たねもみ》で、それが返済不能となったのであろう。重吉は石見公の従者にいったん身を落とすが、自ら米を返済することで、主体的に従者の身分からの解放を願っていることが目を引く。

しかし石見公のほうも、多年の召使いという事実を楯《たて》にこれを拒否している。従者の多年の召使いは、多額の費用と手間がかかるのであり、その分が常に未返済分となる、という論理である。中世ではこれを「重代（代々の意味）相伝の論理」という。これでは従者の解放は一向に進まないことになる。

紙背文書には他にも逃亡して守護に自らの解放を求め訴えるような下人の姿がみえる。そしてそうした奴隷の解放の事実があることも、多くの研究者が指摘している。しかし、一方の相伝の論理と、それに基づく支配者も手ごわいといわねばならない。中世の百姓は自立した存在であるといわれ、下人もまたしたたかであるが、支配者の陰湿な論理もまた中世社会の現実を如実に示すものであったのである。

発展と荒廃の狭間で

考えてみれば当然とはいえ、日蓮が書き残した聖教の裏に記されていた事実は、まさに彼が生きた社会そのものを映し出すもう一つの鏡であった。

そこでは、流通や交易によって社会が緊密に結びついてゆく一方で、おびただしい奴隷や破壊された家族の姿が目につく。在地領主（武士）たちは債務に縛られもするが、それを利用して奴隷を集積し、自らの経営や家に奉仕させていた。この両方の現象をどう理解したらよいのだろうか。

舟で運ばれるのは何も消費財ばかりではない。隅田川《すみだ》に面した隅田宿《すだ》（現東京都墨田区堤通）付近は東国でも物資の一大ターミナルだが、そこには梅柳山木母寺《もくぼじ》に伝わる梅若伝説がある。これはかつて奴隷となって売られたわが子梅若丸を追ってはるばる東の果てまでやってきて死んだ母の物語である。

室町時代の小歌を集めた『閑吟集《かんぎんしゅう》』の「人買ひ舟は沖を漕《こ》ぐ　とても売らるる身を　ただ静かに漕げよ　船頭殿」の世界である。舟のにぎわいは人商いの舟のそれでもあった。

日蓮の同時代人、無住《むじゅう》は、三河国矢作宿《やはぎ》（現愛知県岡崎市）で、母のために身を売って陸奥《むつ》に連れてゆかれる若い男が、母を思って人はばかることなく号泣する様を書き留めている（『沙石集《しゃせきしゅう》』第七）。

似たような話は「さんせう太夫」をはじめ説経節や謡曲に数多い。

奴隷の商いと強制移住は広範に行われていたらしい。貞永元年（一二三二）、北条泰時は美濃国「株河駅《くいせがわ》（宿）」で往返の浪人に旅糧を与え、とどまる者を自分の領地大榑庄《おおぐれのしょう》（現岐阜県安八郡《あんぱち》輪之内町《わのうちちょう》）の百姓に預けている（『吾妻鏡』）。これは飢饉で流民と化した浪人を開発のために確保した事例だが、この浪人が従属した労働力となることは目にみえている。

鎌倉時代までの日本社会とは、社会の発展が即、地域社会の発展に結びつかない構造をもった社会だといえる。社会的な富が蓄積されるが、その多くは特定の有力な支配者層のものになってしまい、庶民にまでは届かないのである。

庶民の側もまだ共同体が未熟であり、百姓らの奴隷への転落を防ぐことができない。社会的セーフティネットとなりうる厚みをもった民間の社会組織はほとんど未熟であり、生きてゆくためには強者や支配者にもたれ掛かって生きなければならない、そんな社会であった。そこからやがて村や町といった共同体が次第に形をあらわし、人々の生存の基盤となってゆくのである。

故郷《ふるさと》への郷愁

本章の冒頭で日蓮が東国人であることを述べた。日蓮は東国にことのほか思い入れがある。当時の人々の国土認識は、天皇—洛中—西国と、「周縁」としての東国・南九州として定式化されるという。日蓮の認識も、基本的には天皇を「国王」と認め、「中心」を京（洛中）に求めるものであった。

しかし一方で日蓮は、鎌倉執権北条氏を「国主」として実質的な権力者と認識していた。だから彼は北条時頼に『立正安国論』を上呈したのである。

また日蓮は、「安房国東条郷辺国なれども、日本国の中心のごとし、其《そ》の故は、天照太神跡を垂れ給へり」と述べる（『新尼御前御返事』）。この書状では、東条郷は日蓮の故郷であり、ここが日本の中心であるというのである。そして源頼朝がここを伊勢神宮に寄進して東条御厨が第一の御厨となった。頼朝はその功績により日本を手に握る将軍となり、天照太神は伊勢からここに移られた、とする。ここにみえるのは、日蓮の東国中心観を神学的に肯定した意識である。その中心に安房国の故郷が存在していたのである。

日蓮はふるさとを「故郷」「古郷」「本郷」「生国」「本国」などと表現している。それは「くに」と称されるような現代人にも共通する郷土を意味している。日蓮にとってそこは、安房の海の「磯《いそ》のほとり」で「あまのり」や「わかめ」が採れる所であり、その「色形あぢわひ」が父母への想いとともにすぐに想起される所であった。同じ情景は、日蓮がしばしば仏教的な比喩《ひゆ》として用いる「いわし」や「くぢら」の死んで腐った匂いや「ねずみいるか」の油を絞った「くさい」香りとともに想い出されるような故郷であったのである。

中世において「所《ところ》」とは、在所や村を意味するだけでなく、その生活が安堵されるところ、地域住民の安住すべき心の拠り所を意味するものであった。日蓮はその懐かしい「所」から、地頭によって追われてしまったのであるが。

実際には厳しい環境であるにもかかわらず、「所」はやはり中世人の拠るべき基盤であったのである。宗教もいかにここで受容されるかが、その浸透の鍵になることはまちがいないだろう。

第3章　門流ネットワークと南北朝内乱

日蓮以後の教団の動向

熱原法難

日蓮が身延に隠棲して以後も、鎌倉幕府はその反体制的な言説と弟子層の広がりに危惧を覚え、その動向を注意深く監視していた。

そんな最中の弘安二年（一二七九）、前章でもふれたが、駿河国で熱原法難《あつはらのほうなん》という事件が起こる。富士郡下方《しもかた》（富士郡を二つに分けた場合の広域地名で富士郡上方《かみかた》に対する地名。現在の富士市南部）の熱原周辺で、日蓮の直弟子日秀や日弁に指導された百姓らが幕府権力に抵抗し、百姓が斬首された事件である。

熱原にあった天台寺院滝泉寺《ろうせんじ》では、日秀と日弁が百姓にも積極的に布教をしていた。しかし同郡は幕府執権《しっけん》北条得宗《とくそう》の所領であり、得宗の息のかかった院主代《いんじゅだい》行智《ぎょうち》は、「悪僧」日蓮の教えを広げる日秀らと百姓らに圧力をかけたのである。

百姓二〇名は鎌倉に送還され、平頼綱と子飯沼資宗《いいぬますけむね》らによって拷問を受け棄教を迫られる。しかし百姓らは屈せずついに三名が斬首、一七名は追放の処分を受けた。

事件は、日秀らによる「刈田狼藉《かりたろうぜき》」（勝手に対立する相手の田の稲を刈り取る悪党行為）の咎を行智が告発したことを発端とするが、真相は行智の策略のようで、すぐさま鎌倉に送られ得宗の御内人《みうちびと》平頼綱の前に引き出された。頼綱は日蓮を佐渡に送った張本人でもある。

頼綱が百姓らに自らの信条に反する念仏を唱えることを強要していることをみても、この事件が単なる刑事事件ではなく、宗教弾圧であることを物語っている。彼らは日蓮の教えが意外な広がりをみせていること、それが他ならぬ膝下《しっか》の得宗領で起こっていること、しかもその教えがすでに下層の百姓にまで広がっていることに危惧を覚えたのである。

この事件の前提には、駿河における日蓮の教えの広がりがある。それを担ったのは、日蓮の高弟の一人である伯耆房日興《ほうきぼうにっこう》であった。日蓮と日興の出会いは正嘉年間（一二五七〜五九）とも文永初年（一二六四）ともいわれるが、富士郡上方の上野《うえの》郷の地頭南条氏との関連であることはまちがいない。南条兵衛七郎は日蓮の有力信者であり、彼が日蓮と駿河の縁を取り持ったことは明らかだろう。

日興は甲斐《かい》国大井氏に出自をもち、天台寺院蒲原四十九院《かんばらしじゅうくいん》の供僧《ぐそう》（本尊に仕える僧侶）で伯耆房と名乗っていた。滝泉寺の日秀や日弁も、日興により日蓮に帰依するようになったようである。さらに日興は、南条氏の血縁や自分の婚姻関係を通じて、駿河の石川氏・由比氏や高橋氏、武蔵の綱島氏、伊豆の新田氏ら御家人クラスの武士に信仰を伝えた。そしてそのなかから、日目《にちもく》、日道《にちどう》、日行《にちぎょう》など次代を担う日蓮宗の僧侶が育っていったのである。

地域と寺院

特に多くの百姓層が日蓮に帰依していたことは重要である。日蓮の死後、日興は自分が取り次いで与えた日蓮の曼荼羅本尊の目録を作成している。それによると、駿河・伊豆や甲斐を中心に多くの僧の名が書き上げられているが、それに混じって俗弟子（檀越）と在家人（百姓）の名がみえる。日興をあいだに介しているにせよ、それは日蓮の教説自体がもっていた庶民性や易行性によるものであったことはまちがいない。

加えて、日興らの依拠する寺院が地域に密着した存在であったことがあげられる。日興自身の筆になるという説もある、文永五年（一二六八）の賀島庄岩本《かじまのしょういわもと》（現富士市）にあった実相寺《じっそうじ》の申状が残されている。実相寺は一二世紀の半ば、鳥羽《とば》法皇の時代に建立された天台寺院で、相当の規模を誇る賀島庄の鎮守であった。

申状によると、この寺の衆徒らは、鎌倉から派遣されてきた院主と院主代の非法を糾弾している。この院主らも、得宗権力により推任された者たちとみられるが、その申状にみえる非法の内容が興味深い。

院主らは仏物・僧物という寺院のための資材を勝手に鎌倉へ持ち去ってしまい、そのために本堂をはじめ堂舎は荒れ果ててしまった。また「好色の女」を呼び寄せ酒食に耽《ふけ》る。そのなかには富士川の対岸の蒲原の宿の遊女もいた。畏怖《いふ》の対象であるはずの顕密寺院の堕落ぶりが痛罵《つうば》されているが、そのなかに衆会《しゅえ》の庭を芋畠にしたり、寺の池を田にしてしまうといった生産行為が含まれている。

寺の井戸で魚を洗ったり富士川で漁撈をしたりということも含めて、これは院主らによる利潤をめざす行為だった。非法とあるが、実際はこうしたことは広く行われていたのであろう。そこには当然、百姓や漁民らと僧侶らの日常の接触があったのである。

院主らはこうして儲けた銭を寺僧に貸し出し、返せない者の住房を容赦なく押し取り、自分の息のかかった在家人（百姓）を住まわせているが、これも在家人と僧侶の意外に近しい関係を物語っている。

滝泉寺でも同様のことがあった。熱原法難を告発する日秀らの申状には、寺内の百姓に仏前の池に毒を入れて魚を殺させ、村里で売るという行智らの非法が告発されている。また田を刈るという行為が問題となること自体に、地域住民と僧侶たちの日頃の密着ぶりが示されている。日興らはこうしたことを非難しているが、彼らの教えが在家人に浸透していった背景には、寺院と地域の住民の一体となった生活ぶりが存在していたとみるべきだろう。

そして顕密仏教においても、このような世俗への傾斜があったことに注意したい。顕密仏教の毛細血管といわれる在地寺院も、決して支配の道具であるばかりではなかったことを意味しているからである。

日蓮の死と六老僧

日蓮が隠棲した身延は、南部氏の流れを汲む有力檀越の波木井《はきい》（南部）氏の住郷であり、厳しい山中に庵を結んだものだった。しかし日蓮はここに九年間暮らし、著作にいそしみ、各地の門弟に多くの書状を出し信仰を指導した。身延にも多くの弟子たちが住み、また訪ねてくる檀越も多くなり、身延は法華信仰のメッカとなった。

やがて弘安五年（一二八二）、日蓮は死を迎える。常陸へ湯治にいくために身延を出、一〇月一三日、武蔵池上で力尽きそこで息を引きとった。その直前の同月八日、日蓮は「本弟子」六人を定めた。のちに六老僧といわれる、日昭、日朗、日興、日向《にこう》、日持、日頂である。彼らは日蓮の死後、各地に師の説を広めるように期待された人々であった。

日蓮の墓は身延に建てられた。死の翌年には、六老僧を中心にして、この墓を守護するための一年一二ヶ月の輪番とその順序が決められた。身延の墓所が日蓮の教団の統合のシンボルとして期待されたのである。しかし死後三年もたつと、輪番は事実上、行われなくなってしまい、この企ては成就しなかった。結局、六老僧や他の有力弟子たちは、従来からの自分の拠点の地域において、有力な檀越らの支援を受けて寺を建立し、師の説を広めるようになってゆくのである。

それぞれの活動地域をみれば、日昭・日朗は相模・武蔵、日興・日持は甲斐・駿河・伊豆、日向は上総、日頂は下総である。

弟子たちの分裂

身延の輪番制がうまくゆかなかった背景には、六老僧たちの考え方の相違があった。日興は日蓮の直弟子として身延を拠点に弘通《ぐずう》活動を展開してゆく。

同じく日向も身延に来て、学頭として寺の経営や弟子の育成にあたるようになる。しかし両者は、身延の檀越波木井実長《さねなが》の行いをめぐって対立し、ついに日興は身延を去り富士に赴く。正応元年（一二八八）のことである。実長が三島社に参詣するなど、日蓮の教えに反する行為を行ったことに対して、日興は非難したが、日向はこれを肯定したからである。そして実長は日興よりも日向をより尊重するようになったという。

また、弘安七、八年（一二八四、八五）頃には、鎌倉方面で深刻な法華宗の排斥運動が起こっていた。日蓮の死後の鎌倉では、日朗や日昭らが布教を行っていたが、競い合う他宗がこれに圧力をかけた模様である。

興味深いのは、日興を除く五人の老僧が住坊を破却されんとしたその際に、天台の弟子と号して、天台宗の祈禱をすることでこれを逃れたことである。日持・日頂・日向らも鎌倉に住坊を構えていたのであり、鎌倉での布教が依然として重要な意味をもっていたこともわかり興味深いが、しかしこれは、かつて日蓮が「選択の論理」のゆえ、頑なに拒んだ幕府のための祈禱を、日蓮宗も天台宗のうち、という論理で受け入れてしまったことになろう。

以上は主に日興の言によるものだが、日興は厳格な日蓮への帰依を標榜《ひょうぼう》しており、その他の老僧らの行動を非難している。日蓮死後の教団が直面したものは、外部からの圧力と、こうした弟子たちの方向性の違いによる分裂の危機であった。

門流の形成

しかし分裂とは、一方で多面的な教線の伸張をもたらし、門流の形成に結果することでもある。それは有力な檀越による外護《げご》（庇護《ひご》）の存在と寺院の建立に象徴される。

日興は、駿河富士郡の南条時光《ときみつ》に迎えられ、正応三年（一二九〇）に大石《おおいし》に草庵を構える。これがのちの大石寺《たいせきじ》（現富士宮市）となる。また永仁六年（一二九八）、同郡の北山《きたやま》（重須《おもす》）には、南条氏と石川能忠《いしかわよしただ》の外護を得て本門寺《ほんもんじ》（現同市）が建立される。日興は元弘三年（一三三三）に亡くなるが、その跡は弟子の日目《にちもく》が継いでいる。日興の流れを汲むこれらの門流を富士門流という。

甲斐の身延では波木井実長の要請で日向が住み、日蓮の墓所を護ってゆき久遠寺《くおんじ》が建立される。そして実長の死後も一族は身延を外護してゆく。日向はさらに上総茂原《かずさもばら》の妙光寺《みょうこうじ》（現藻原寺《そうげんじ》）を日秀に付して布教させる。やがて正和《しょうわ》二年（一三一三）に弟子日進に付法して自らは茂原に隠遁し、翌三年に死去する。日向の流れを汲む茂原・身延門徒を身延門流と称する。

また、日昭は鎌倉の浜土《はまど》に法華寺を構え、日朗とともに鎌倉での布教を展開した。のちには越後の

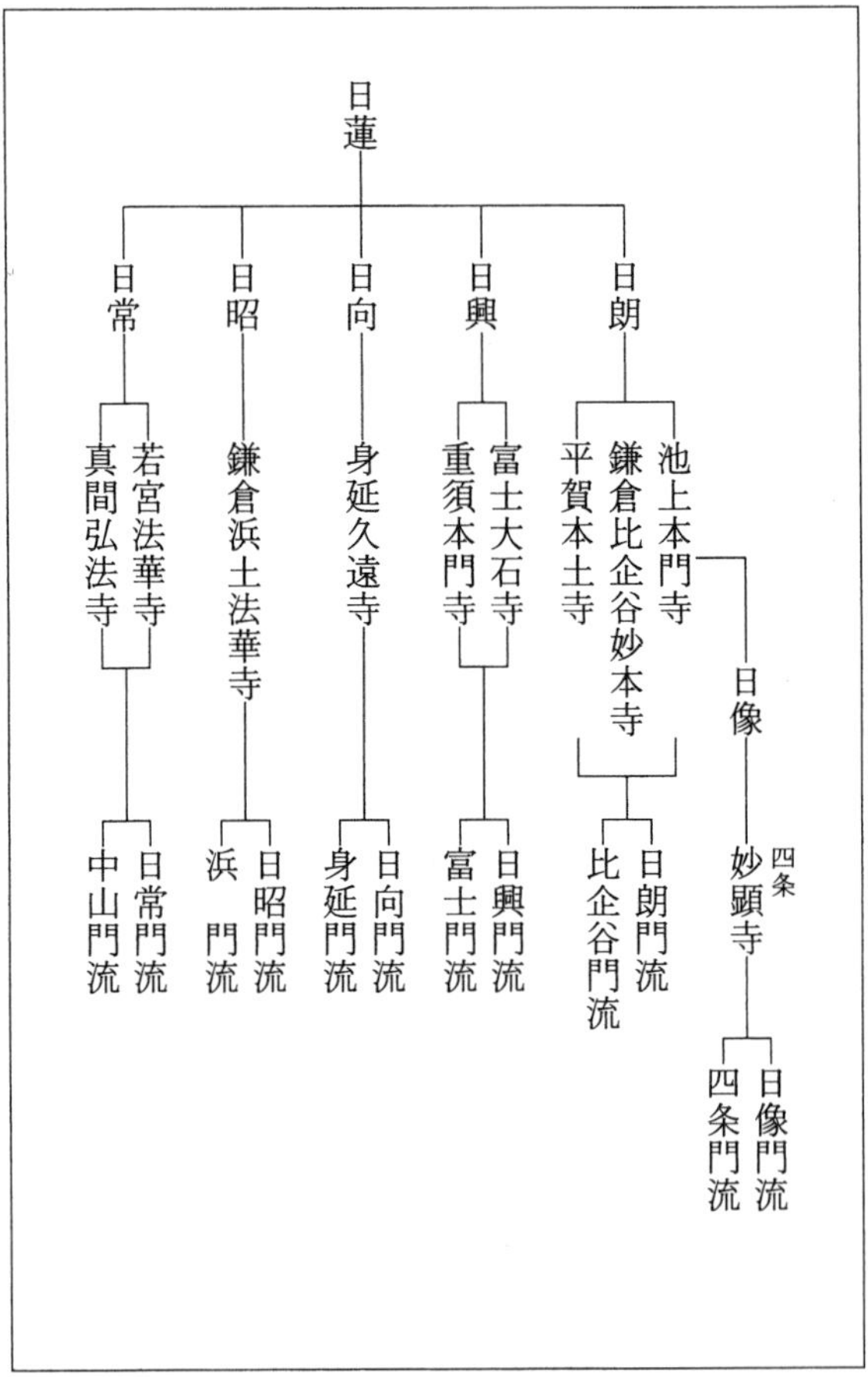

門流の概要（高木豊『日蓮とその門弟』所収の図を改変）

風間信昭の外護を得て、徳治《とくじ》元年（一三〇六）に相模の名瀬《なぜ》（現戸塚区名瀬《なせ》）に妙法寺を建立し、翌二年に弟子日成に譲る。また文保《ぶんぽう》元年（一三一七）に法華寺を弟子日祐に譲り、元亨《げんこう》三年（一三二三）に死去する。風間氏との関係からその教線は越後にも及んでいる。鎌倉の浜土の名を取って、日昭の

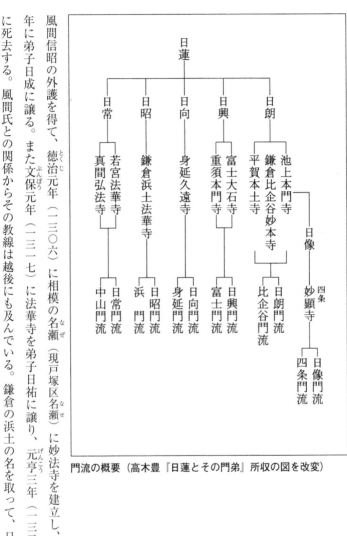

門流を浜門流と呼んでいる。なお法華寺はその後争乱で鎌倉を退去し、のちに伊豆玉沢《たまざわ》の妙法華寺（現三島市）としてその法灯を伝えている。そして日持だが、彼は駿河の松野《まつの》郷で松野氏の外護を得て永精寺《えいしょうじ》（現庵原《いはら》郡富士川町）を開く。のち中国大陸への伝道を志したが最後は不明となった模様である。

日朗は、日昭と鎌倉で布教につとめ、比企谷《ひきがやつ》妙本寺を建立する一方、日蓮の終焉の地武蔵池上に、池上宗仲の外護を得て本門寺を建立し、この両寺（両山）を拠点として多くの弟子たちを育成した。日朗は文保二年（一三一八）に両山を日輪に譲り、池上の南窪に隠棲、元応《げんおう》二年（一三二〇）に死去する。この門流を比企谷門流または日朗門流などという。また日朗の弟子日伝は、下総の曾谷《そや》氏あるいは平賀《ひらが》氏の外護を得て、平賀に本土寺《ほんどじ》を建立し、のちこの三寺がこの門流の基軸となった。

日朗門流のなかで特筆に値するのは、日像による京への進出である。日像は永仁二年（一二九四）に上洛し、大工や酒屋など京の町衆を中心に布教につとめたが、比叡山を中心とする他宗に迫害され、徳治二年（一三〇七）に朝廷により土佐に流罪となった。しかし実際は洛南にとどまったという。その後もたびたび流罪を経験するが、ついに元亨元年（一三二一）、今小路《いまこうじ》に妙顕寺《みょうけんじ》（現上京区）を建立し（のちに四条に移転）、独自の日像門流（四条門流）を形成する。

以上、老僧を中心に門流を概略したが、興味深いことに、各門流に共通する統合の核となるものがある。それは日蓮を追慕し想起するために作成される御影《みえい》（肖像）像と、それを安置するための寺院

（御影堂）である。

正応元年（一二八八）、日蓮の七回忌にあたる年には池上でほぼ等身大の御影像が造られた。また永仁六年（一二九八）には日興により富士郡重須に御影堂が建立される。御影堂に安置された日蓮の御影像は、より開放的、集団的に、各門流の布教の中心となっていったのであろう。

中山門流の場合

ところで前章でも言及した富木常忍《ときじょうにん》は、在家の日蓮門徒のなかでもとりわけ信仰心が厚く、かつ教学の心得もある人物であった。日蓮の死後、彼は出家して日常と名乗り、下総国八幡庄若宮の館に持仏堂を設ける。これが法華寺という寺院となる。また近隣に住む富木氏と同じ千葉氏の家臣太田《おおた》乗明《じょうみょう》の子である日高《にちこう》が、乗明の館に本妙寺を構える。やがてこの二寺が中山法華経寺と称される寺院となる。この門流を日常門流または中山門流と呼ぶ。在家人から僧となり門流を形成したのは日常ただ一人であり、六老僧による門流の形成と事情を異にしており注目される。

日常には子があった。六老僧の一人日頂である。彼は才能に恵まれ日蓮にも将来を嘱望される身であり、下総真間《しもうさまま》の弘法寺《ぐぼうじ》（現市川市）にあって精力的な活動を行っていたが、日常と不和になり、やがて駿河富士郡の重須に居を移した。

日常は永仁七年（一二九九）に置文《おきぶみ》（制法）を定め、法華寺を日高に、弘法寺を日陽《にちよう》に任せることを記し、僧侶と在家人の和合を求め、その直後に死去した。

この置文で興味深いのは、日蓮の「御書」や、日蓮自筆のものをはじめとする聖教（経典）の「殿《との》居《い》」（宿直）を定め、それを寺外に持ち出すことを厳しく戒めていることである。日蓮の書状類がすでに聖典となっているのである。

彼は置文の二日後に『常修院本尊聖教事』なる経典目録を作成しており、この置文の対象とする聖教類の内容を確認することができる。こうした「御書」や所縁の聖教の護持と蒐集《しゅうしゅう》は、御影像とならんで日蓮宗寺院のもう一つの核となるものであった。

日常の次は日高が二代目の貫首となるが、日高の代から胤貞《たねさだ》流千葉氏の外護を受けて発展してゆく。前章でみたように、千葉氏は全国に拠点をもつ巨大な御家人だったが、鎌倉末期には千葉胤貞流と千葉貞胤《さだたね》流に事実上分裂していた。このうちの胤貞流が中山門流を積極的に外護したのである。胤貞は大量の田地を寄進し、法華経寺を亡父宗胤《むねたね》の遺骨を安置する氏寺と化してゆく。そして日高の次の貫首には胤貞の猶子《ゆうし》である日祐が就任する。

このようにして鎌倉末期までに各地に門流が形成され、寺院が建立される。そしてやがて時は南北朝内乱を迎えることになる。

南北朝内乱と門流

南北朝内乱と悪党

元弘《げんこう》三年（一三三三）五月、足利高氏（のち尊氏）が京の六波羅探題を落とし、新田義貞が鎌倉を襲撃して鎌倉幕府はあっけなく倒壊した。翌建武《けんむ》元年、後醍醐天皇による親政がはじまるが、すぐに尊氏が離反し、南朝、北朝に分かれた武士や公家による内乱が開始される。

尊氏は京に室町幕府を開府するが、弟直義《ただよし》との争い（観応《かんのう》の擾乱《じょうらん》）もあり内乱は長期化してゆき、明徳《めいとく》三年（一三九二）、第三代将軍の足利義満《よしみつ》により、ようやく南北両朝の合体が実現し、内乱は終息する。このおよそ六〇年にわたる南北朝内乱は、鎌倉幕府の滅亡や天皇親政の崩壊といった政権の変化にとどまらず、社会を根底から覆すような内乱だったといわれる。

鎌倉末期には執権《しっけん》である得宗《とくそう》北条氏の専制が頂点をきわめ、得宗家被官の御内人の専横とともにその政治が孤立してゆく。一方、諸国では悪党が蜂起する。

すでにふれたが、この時代には人や物の流通が社会の底辺にまで及び、従来からの土地所有を崩しつつあった。その富をねらって暴力的行為に及ぶ者が悪党である。さきにみた実相寺の院主や滝泉寺の行智らの非法も、してみれば悪党的行動だったのである。

日蓮の晩年頃から幕府はその鎮圧に躍起となるが、悪党は社会の根深い矛盾から発生したもので、力による取り締まりには限界があった。

悪党といえば楠木正成《くすのきまさしげ》が有名だが、最近は彼が駿河出身の得宗の被官だったという説も出されている。得宗の膝元の武士すらが悪党と化すなかで、天皇がその力を利用して倒幕へと導いたのが建武新政だったのである。

しかし後醍醐の建武政権は武士や新たに台頭した人々の要求に応えきれずに瓦解《がかい》する。足利尊氏は、鎌倉を去り、政治と流通経済の中心だった京に幕府を移して社会の富を掌握しようとした。しかしその室町幕府も、観応の擾乱や南朝の展開など、安定さを欠いたのは、武士や貴族のみならず、社会の各階層に亀裂が生じ、分裂と対立を繰り返していたからである。

やがて地域のことは地域で解決するという自立化・分権化の思想が台頭してくる。それは「一揆」の思想、とでもいえるものである。社会のあらゆる階層が「一揆」的な結合を創り自立化をめざす。それは百姓の村や商人、そして僧侶の世界にも共通する動きだった。

内乱期の仏教

この時代は顕密仏教の退潮期ともいわれるが、その基盤となっていた荘園制や公武の権力は依然形を変えながら存続しているから、簡単にはその生命を失わない。比叡山や高野山などの天台や真言といった伝統的な宗派はもちろん、禅宗や律宗も密教色を強めながら中央の権力に重用されていた。

しかし悪党の出現は、宗教界においても革命的な意味をもっていた。後醍醐天皇の周辺には山伏《やまぶし》や悪僧らが集い、南朝勢力は各地に張り巡らされた彼らの情報網を利用して武家権力に対抗していた。また、鎌倉時代からその活動を「造悪無碍《ぞうあくむげ》」（ことさら悪行をなし救いを求めるという倒錯した往生願望とその行為）と呼ばれ非難されていた浄土宗や真宗の僧侶・信者たちは、悪党と明らかに共通性をもっている。また金融業や交易に携わり、富を執拗《しつよう》に求める律宗や日蓮宗の僧侶や門徒の行為が、悪党といかに似ているかについても多言を要しないだろう。

そしてこの時代が、内乱や社会の変化に直面して、それにどう対応していくかが問われる時代だったことも確かである。鎌倉仏教のようにその基盤が地域の武士や民衆にある場合はなおさらである。内乱による外護者の没落や移動、流通の波に乗って流動化する社会階層との関係、武闘の繰り返しなどによる心身や社会の不安。それらにいかに対処するかが布教の鍵を握る時代となったのである。

中山門流をめぐる対立

一つの典型として中山門流の場合をみよう。中山門流の外護者である千葉太郎胤貞は、本来は守護の系譜を引くにもかかわらず、その座を従兄弟《いとこ》の千葉介貞胤に奪われていた。中山門流の寺領は、八幡庄や千田庄など胤貞の所領を中心に分布しているが、北下総の大庄千田庄は貞胤流の拠点でもあった。

南北朝内乱前夜の下総は、胤貞流と貞胤流の微妙な政治バランスの上にかろうじて静謐《せいひつ》が維持されていたのである。

しかし建武二年（一三三五）、千葉胤貞と貞胤は、下総各地で戦闘を交える。胤貞は相馬親胤《そうまちかたね》とともに貞胤の拠点である千葉楯《たて》（館）を急襲する。

この年、足利尊氏は後醍醐天皇に離反するが、胤貞は尊氏方に、貞胤は新田義貞につき内乱が開始される。千田庄でも両陣営の戦いが行われた。この戦いで胤貞の子のうち惣領の胤平《たねひら》が没落し、その家督は胤継《たねつぐ》が継ぐことになる。

この胤貞—胤継流が中山門流を外護してゆくのだが、じつは貞胤も中山門流への介入を試みている。建武元年より以前、貞胤は弘法寺の俗別当及川氏へ充て弘法寺への還住（帰還）を促す証状を出し、さらに建武二年には法華寺（法華経寺）の敷地を日祐に安堵している。

このように、貞胤は胤貞流の拠点寺院へ積極的に保証を与えている。この事態の背景にも、中山門流の三寺（法華寺・本妙寺・弘法寺）のあいだの微妙な関係があった。特に弘法寺の日樹と法華寺の日祐は鎌倉末期の正和年間（一三一二～一七）に互いに起請文を取り交わし両寺の関係を確認している。さきの及川氏は何らかの事情で逐電《ちくでん》（没落）をし、日祐—胤貞方と対抗する貞胤により弘法寺に戻ることができた可能性が高い。やがて弘法寺のこうした動向は、中山門流からの自立化の動きとして明徳年間（一三九〇～九四）に表面化することになる。

分裂と競合

さらに富士門流の場合をみよう。この門流では日興の後、日目、日郷と連なるが、日郷は祖師日蓮の故郷である安房への思慕と法門再興の志から、鎌倉末期には安房東部の磯村《いそ》（現鴨川市）と西部の吉浜《よしはま》・保田《ほた》（現安房郡鋸南町《きょなんまち》）に拠点を構えていた。そして建武年間（二年とも五年とも）、その吉浜に法華堂が建立され、やがて安房妙本寺《あわみょうほんじ》となってゆく。かの地に外護者の佐々宇氏《さそう》を得てのことである。佐々宇氏は地頭クラスの武士にして商人的な性格をもつと推測される。

日郷以来の安房妙本寺とその門流の展開については、現在『安房妙本寺文書』の全面的な検討から、かなり明らかになっている。それによれば、佐々宇氏はもともとは「摩々《まま》門徒」＝真間弘法寺の門徒であるという。下総真間（中山）門流の触手がすでに南北朝期に安房に伸びていたことになり、さまざまな門流が法華宗の再建を担って盛んに弘通を展開しており、有力門徒の獲得をめぐり対立と緊張、そして競合が起こっていたことが判明する。

日郷は文和《ぶんな》二年（一三五三）に死去するが、彼の段階では駿河の大石寺に堂地をもっていた。だが活動の拠点は安房に置いており、次の代として駿河南条氏所縁の日伝を任じている。そして日伝の段階では、その大石寺東方の坊地の帰属をめぐって大石寺の日行と相論となる。

貞治《じょうじ》四年（一三六五）以後、相論は当初日伝に有利に展開され、駿河守護今川氏の安堵もなされたが、明徳年間になると室町幕府の介入もあって日行の跡を継いだ日時に有利に展開し、応永《おうえい》一二年

（一四〇五）、最終的に大石寺は日時に渡されることになった。

じつに四〇年にもわたるこの相論において、上野郷の領主として大石寺に関与しているのは興津氏《おきつ》である。つまり貞治四年以前、同郷の領主は南条氏から興津氏に交替していたのである。興津氏は一貫して日行・日時側に立っており、相論の背景には、南条氏の没落と興津氏の介入が影を落としているのである。この交替の事情は不明だが、おそらく観応の擾乱にともなう紛争によるものであろう。内乱による領主の交替が、領内の寺院の帰属を不安定にし、相論を惹起《じやっき》したのである。

京をめざす僧侶たち

室町幕府が成立すると、京への注目がにわかに高まった。京でいち早く布教を展開していた日像門流では、建武元年（一三三四）、隠岐から帰洛した後醍醐天皇により妙顕寺が勅願寺にされた。ついで同三年には、室町幕府将軍家の祈禱所としての認定を受ける。

従来は、これを新たな政権が法華宗を正式に認可したことを示すとされてきた。しかしじつは、妙顕寺の幕府祈禱寺の任命は、諸国の法華寺院からの寺領安堵の要求を取り次いだり指揮監督する立場を期待されてのものだったことが明らかにされている。

妙顕寺の側は、これをテコに自己の門流に地方寺院を組み込むことができ、また幕府や北朝の側も、妙顕寺を通じて自らのために諸国の末寺へ祈禱や法華経読誦《どくじゅ》をさせる窓口として妙顕寺を位置づけていた。

延文《えんぶん》二年（一三五七）の鎌倉の妙本寺と池上の本門寺の貫首である日輪の書状をみると、日像と同門の日朗門流の本寺であるこの両寺へも幕府の祈禱命令が伝達されていた。つまり妙顕寺は、日朗―日像門流の各寺院と室町幕府をつなぐパイプとしての役割を担っていたのである。

こうした事態の背景には、諸国の法華寺院の僧侶が幕府の安堵をめざして上洛する動向があった。妙顕寺に残る日像の弟子大覚《だいかく》充ての書状（暦応《りやくおう》三年〔一三四〇〕と推定される）には、「諸方より法華宗となのり候て院宣《いんぜん》・御教書《みぎようしよ》を望み申す」僧侶が多くいることが記されている。こうした事態を日像は千載一遇のチャンスとみており、続けて後段で「まことに志候わん人々は参洛せしめ、委細を承わるべく候、その心なく候わん人々は法華宗の数にあるべからず候」と述べている。ただしその場合は、妙顕寺の推薦が不可欠である、と述べるのを忘れてはいない。

しかし妙顕寺や幕府の思惑とは別に、各門流は独自に京へアプローチをしていた。さきの日輪は、「国々小法師原」が上洛して京で妙顕寺と敵対しており奇怪である、と別の書状で述べている。妙顕寺に従わないこの「小法師原」はなぜ京に上ってきたのだろうか。

この点、下総茂原の藻原寺《そうげんじ》蔵の『金綱集《きんこうしゆう》』紙背文書に残された日静《にちじよう》の建武元年（一三三四）とされる書状が注目される。日静は身延門流の僧侶で、当時の京の様相を詳しく伝えているが、同年の一二月に南部次郎が護良親王《もりながしんのう》の供奉衆《ぐぶしゆう》として六条河原《ろくじようがわら》で斬首され、甲斐国巨摩郡波木井郷下山の地がそのために「闕所《けつしよ》」（没収地）となったことが記されている。

日静はこの地が「闕所」となることで、日蓮宗を保護しない南部一族の手にわたり「謗法《ほうぼう》（法華経をないがしろにすること）之地」となってしまうことを危惧している。ここでも外護者の運命に翻弄され、寺院の土地が不安定化している様を知ることができる。

こうした危機を回避すべく、僧侶らは為政者の安堵を望んでさまざまに京にやってきていたのである。それは地域での自分の寺領確保や寺院の存続のため、いい換えれば分裂と競合のなかを勝ち抜く術《すべ》として、中央へと視座を向けたのである。

幕府祈禱寺となった中山法華経寺

中山門流の場合は、右と異なり、独自の方法で祈禱寺の認定を得た事例として興味深い。

中山門流の日祐は、その生涯のうち、文保元年（一三一七）、正中《しょうちゅう》元年（一三二四）、建武元年（一三三四）、暦応三年（一三四〇）の四度にわたり「京上」を行っているが、建武と暦応のそれは幕府に「法門訴訟」を行うための上洛だった。

これは「宗義天奏《しゅうぎてんそう》」ともいわれる日蓮の行動に倣《なら》った天皇や将軍などの為政者へ法華経護持を迫る行為のことであり、その他の門流でも確かめられる。たとえば日興門流の日目は正慶《しょうきょう》二年（一三三三）、「天奏」のため上洛の途中、美濃垂井宿《たるい》（現岐阜県不破《ふわ》郡垂井町）で不幸にも死去している。

日祐の場合、建武の際は、その主張が「不快の気色」のものだったので、検非違使《けびいし》別当の屋敷に召しこめられている。暦応の際には、島津実忠《しまづさねただ》を通じて足利尊氏に申し入れ、直義が返答するというがはかばかしい返事がなかった。そこで直義の重臣で千葉氏の一族である粟飯原清胤《あいはらきよたね》を通じて再三申し上げたがついに返事はなかったので、日祐は業を煮やして身延へと退いた。

ここで興味深いのは、粟飯原氏という千葉氏の縁を頼っていることである。日祐は縁故をも動員して政治に肉薄している。こうした努力は、のちに中山門流に恩恵をもたらした。観応から応安《おうあん》年間（一三五〇〜七五）にかけて法華経寺を幕府の祈禱寺院とすることに成功しているからである。幕府とのコネクションを最大限に活用し、「法門訴訟」を展開することで、結果的に祈禱寺の認定を受けたのであろう。

そしてこのことは当時、圧迫を強めてくる下総守護千葉介家に対して、胤貞流の千葉氏が対抗するための有力な後ろ盾となった。まさに祈禱という宗教行為が、政治と結びつき展開することをこの事例は示している。

兵乱・飢饉・人民餓死

ところで戦乱のこの時代も当然、飢饉や餓死と無縁ではなかった。鎌倉末期の元徳《げんとく》二年（一三三〇）の春、京では豊作であるにもかかわらず、和市《わし》（中世の物資交換レート）が不安定で洛中が飢えている。これは利潤を求める商人らが米穀を騰貴させているからであるとして、後醍醐天皇は諸関の升米《しょうまい》（関税）や兵庫嶋の目銭《もくせん》（通行税）の徴収を停止している（『東寺執行《しぎょう》日記』『東大寺文書』）。

はたして内乱が開始されると、すぐに建武年間を中心に「京中飢饉をびただしく候」（『妙顕寺文書』）

という事態になる。延元《えんげん》元年（一三三六）、加賀のある寺院の年代記は、この事態を「兵乱、飢饉、人民餓死」と表現している（『産福寺年代記』）。

実際、建武五年（一三三八）、九州の大隅《おおすみ》国（現鹿児島県）では九つのうば太郎という少年をじつの母がたった二百文で質入れしている。母親がいうには飢饉の際の二百文は日頃の二、三貫文に相当するという。今年の飢饉でこのままでは母子とも餓死するよりはまし、と身内に子を委ねたのである（『大隅池端文書』）。飢饉は京のみでなく、内乱の広がりとともに全国に波及していたものとみられる。

この「建武の飢饉」の最中、さきの大覚充ての日像の書状が書かれたことには注意したい。他の書状によると、妙顕寺では京中の飢饉により多くの寺僧が没落し、地方に散在していた模様である。そうした最中に、諸国の日蓮宗僧が続々と京をめざしていたのであり、その差配を幕府より委ねられていたわけである。

日像は、これを飢饉にあっても身命を捨てて法を広げた「功力《くりき》」を幕府が認めてくれたのだ、と認識しており、いまこそさらなる祈禱の時である、とちりぢりになった僧たちに上洛を促している。飢饉や戦乱に直面してなお、日像は祈禱の力にかけることにより自己の寺の存続をはかっていたのである。

日像は、日蓮の思想を受け継ぎながらも、護国祈禱の実施や他宗派との妥協を進めた人物として、その思想的な変容が強調される人物である。が、彼が祈禱に邁進する背景に、世を覆う悲惨な兵乱と飢饉が存在していたことには、ここで留意しておかねばならない。

門流ネットワークの形成

門流は基本的には東国に限られていたが、この時代、京への関心の高まりとともに西国へと展開してゆき、広域的なネットワークを形成するものもあった。

中山門流の場合、すでに鎌倉末期には千葉氏の所領である肥前小城郡に教線を延ばしていた。正和二年（一三一三）、二代貫首日高は日厳に対し曼荼羅本尊を「鎮西《ちんぜい》弘法の為に下向の砌《みぎり》」に下賜している。この後、元徳三年（一三三一）までには小城に末寺の光勝寺《こうしょうじ》と妙見社が建立されている。

前章でみたように、鎌倉時代中期には肥前小城と鎌倉や下総は信用経済が成立するなど緊密に結びついていたのであり、この千葉氏のネットワークに乗って中山門流が肥前へと教線を延ばしていたのである。

南北朝期になると胤貞流の胤泰が小城に土着し、のちに戦国大名になる肥前千葉氏の祖となる。胤泰はかつての千葉氏の遺産を引き継いでおり、その活動は下総、京、肥前にわたり確認できる。康永《こうえい》四年（一三四五）には、胤泰は小早川重景《こばやかわしげかげ》と京の四条堀川《しじょうほりかわ》・同油小路《あぶらこうじ》敷地などを争っている。これは千葉氏が京に屋敷を所持していた証《あかし》である。また正平《しょうへい》二〇年（一三六五）には肥前砥川保《とがわほ》乙犬名《おといぬみょう》（現小城市）を光勝寺の土地として安堵している。

延文四年（一三五九）、中山の日祐は鎮西弘通のために日貞という僧侶を小城に派遣している。日祐の活動は当時最盛期にあり、日貞の派遣は鎮西の門流へのさらなるテコ入れのためのものであろう。しかし胤泰の時代を最後として、肥前と下総の千葉氏の交流は途絶する。それは南北朝期の武士の一般的な傾向であり、武士は基本的に地域社会に基盤を据え、広域的な所領を維持しえなくなるのである。

それに対して、門流のつながりは維持される。その後京都には本法寺《ほんぽうじ》（現上京区）・頂妙寺《ちようみようじ》（現左京区）という中山門流の寺院ができる。ちなみに胤泰の正平の砥川保乙犬名の安堵状はこの頂妙寺に伝来したものである。またやがて泉州堺《せんしゆうさかい》に妙国寺《みようこくじ》（現大阪府堺市）が開かれる。そして小城の光勝寺はその後も独自に発展し、鎮西における中山門流の拠点となってゆくのである。

安房妙本寺の門流ネットワーク

安房妙本寺の日郷門流も、広域的なネットワークを形成した。

やや時代は下るが、妙本寺では一五世紀半ばに日永《にちえい》という有徳の住持が出て、妙本寺の門流秩序を確立したといわれる。それは安房の妙本寺を拠点として、九州日向《ひゆうが》の定善寺《じようぜんじ》（現宮崎県日向市）を「九州導師役」とし、駿河の小泉久遠寺《こいずみくおんじ》を「代官」と位置づけるというものであった。日向定善寺は日郷の弟子の日睿《にちえい》により法華宗となった寺院であり、小泉久遠寺も駿河と日郷の関係で維持されていた寺院である。

その後、日永の跡を継いだ日要も多くの末寺を創建している。堺に本伝寺《ほんでんじ》、日向細島《ほそしま》に本要寺《ほんようじ》、中日向の図士山本蓮寺《ずしさんほんれんじ》（現児湯郡新富町《こゆしんとみちょう》）、都於郡本永寺《とのこおりほんえいじ》（現宮崎市）、広原要法寺《ひろわらようぼうじ》（現宮崎県西諸県郡高原町）などにわたる。

日要は日向の要港である細島の中村氏の出身である。同氏も瀬戸内海航路で京と結ばれる要港を拠点とする富裕人と推測される。また彼は摂津の要港尼崎で修学を行っている。

京の鳥辺野《とりべの》に日目の墓所があり、妙本寺の僧侶はここをしばしば訪れている。つまり京や尼崎、堺を結節点として西国にも広く教線を延ばしており、中山門流と多くの点で類似するのである。

南北朝期を境として途絶えがちになる武士の交流にひきかえ、門流のもつこうした広域的なネットワークの展開はきわめて興味深い現象ということができるだろう。

現世主義と有徳人

現世主義への傾斜

仏教には古代以来、現世安穏《げんぜあんのん》・後生善処《ごしょうぜんしょ》という「法華経薬草喩品《やくそうゆぼん》」にみえる思想があるが、もとよりその現世安穏は、宗教的な境地としてのそれであった。

日蓮は法華経の行者は現世では苦難に遭うという現世値難《ちなん》＝現世安穏の思想があり、弟子たちにも継承された。しかしこの時代になると、宗教的意味での現世安穏より、世俗の意味の強い現世安穏現世利益《りやく》の志向が前面に押し出されてくる。日蓮は世俗よりも宗教上の価値を優先する出世間主義を貫いたが、弟子たちの時代はそうはいかなかった。

こうした傾向は、有徳であること（裕福であること）を是とする思潮と共鳴するもので、すでに鎌倉末期から一つの社会潮流として存在していた。

『徒然草』で吉田兼好は、「大福長者」の思想として「貧しくては生けるかひなし。富めるのみを人とす」を紹介し、そのモットーとして第一に「人間常住の思ひに住して、仮にも無常を観ずる事なかれ」という現世主義をあげている。

他にも禁欲や正直、拝金などを主張するこの大福長者の生活倫理は、やがて中世後期には理想的人間像である「またうど」（全人《まとうど》・正人）の系譜へと引き継がれていく。「またうど」とは、昔話や説話によく登場する正直者のことで、その現実的な倫理により最後には富を得る人物のことである。これは仏教的福徳一致思想というよりも、むしろ経験主義的な福徳一致思想である。しばしば有徳であることが尊ばれ、狂言にも登場する有徳人・富裕人と呼ばれる人々が世間に幅をきかす時代となったのである。

たとえば、それは在家人の寺院への寄進という行為にもあらわれる。中山門流を例にとれば、千葉胤貞は建武三年に中山の御本尊と十羅刹女《じゅうらせつにょ》御影に三〇町もの田を寄進するが、これは現世安穏太平、後生善処のためであった。時期からみて胤貞の現世安穏太平は、戦争に勝ち抜くといった世俗的な要素が強く意識されたものであったことはまちがいない。

またそれは、京での公武における祈禱も同じだった。そこに祈禱寺となるチャンスも生まれるが、もとよりそれは日蓮の択一的な法華経至上主義を認めたものではなく、同じような祈禱は他宗寺院にも命じられていたのである。そこで日蓮の弟子たちが強調したのは法華経が現実的な利益をもたらすことであり、鎮護国家の効用であり、王法と仏法の相即という論理である。

日蓮門徒は謗法者の供養は受けもしなければ供養もしない、という「不受不施《ふじゅふせ》」の原則をもつが、そのなかで「君主王侯」は除くという主張があらわれたのもこの時期である。これを「不受不施の王侯除外制」と呼んでいるが、趣旨は日蓮の「立正安国」と共通しながら、そこには明らかな変容がある。

日蓮の説いた法華経至上主義という原理主義的な思潮と、教線を広めようとすれば否応なく直面する現実との妥協。このジレンマがここに表面化していることには注意しておきたい。

有徳人六浦妙法

しかし実際は、有徳人のもつ影響力は甚大だった。その富は社会を変えるプロモーターであり、彼らの多くは都市や「都市的な場」＝地方町場を拠点としており、その富を手中にして活躍していた。広域にわたる流通網の結節点におり、富の地域への滞留・還元を担う存在だった。彼らにより、社会はようやくその基盤を充実させはじめる。しかし貴族や武士とは異なり、彼らは身分的には下位に属する人々だった。そこに鎌倉仏教との濃密な接点があったのである。

当時の東国屈指の湊である武蔵国六浦《むつら》には、六浦妙法という有徳人がおり、中山門流と深い関係をもっていた。六浦は鎌倉の外港として栄えた地で、国際的な貿易拠点であった。また首都鎌倉へ東京湾岸や内陸部から運び込まれる多様な物資の経由地点でもあった。日蓮は房総と鎌倉の往返《おうへん》にこの海路をしばしば利用したとみられ、船中で富木常忍を日蓮宗に改宗させたという伝説もある。こうした立地条件もあって、千葉氏や中山門流が早くからここに進出していたのである。

『一期所修善根記録《いちごしょしゅうぜんこんきろく》』などによれば、彼は康永年間（一三四二〜四五）を中心に中山の法華寺・本妙寺・弘法寺の堂舎や仏像、身延山の多宝塔や仏像などを一手に建立するなど莫大《ばくだい》な喜捨を行っている。また、六浦には六浦坊と名乗る坊を所持しており、多くの聖教がそこに格納されていた。やがて日祐の熱心な布教もあり、応安三年（一三七〇）には日祐の花押を据えた漆塗り金箔字《きんぱくじ》の豪壮な板曼荼羅本尊が制作されるが、そこには表裏にわたって六浦の法華門徒の名がところせましと刻まれている。そして同六年には、六浦坊は上行寺《じょうぎょうじ》という寺院として史料に登場するのである。

しかし彼の字《あざな》は景光と判明するが、名字（姓）は荒井とする説があるもののはっきりしない。やはり彼は身分的にはそう高い人物であるとは思われない。

じつは妙法は単なる法華門徒ではなく、称名寺《しょうみょうじ》とも深い縁を結んでいた。六浦には多様な宗派の寺院が覇を競って建立されたが、なかでも金沢《かねざわ》称名寺の存在は注目される。称名寺は北条（金沢《かねざわ》）実時が建立した寺院で、当初念仏寺院であったものを審海《しんかい》を中興開山に招いて真言律宗となった寺院である。金沢氏が建立した金沢文庫は有名で、仏教経典や古典の宝庫でもある。

六浦には二つの「内海」があるが、嘉元《かげん》三年（一三〇五）頃、六浦の内海に金沢貞顕《さだあき》によって瀬戸橋がかけられ、称名寺と鎌倉の最短ルートが確保された。しかし四〇数年後、橋が朽ちてしまい、文和二年（一三五三）、その再興のために多額の私財を投じたのが妙法だったのである。その際の橋供養（開通式）では、称名寺の僧二〇人が招かれ、壮麗な法要とともに四〇貫以上の銭が費やされている。橋供養の費用でさえこれであるから、橋そのものの再興にかかった費用がいかに多額であるかは推して知るべしである。

このように妙法は律宗称名寺とも接触しており、また日蓮宗にしても中山門流と身延門流の双方にアクセスしている。彼はさまざまな宗派と門流との縁を受容しうる鷹揚《おうよう》さをもっていた。これこそ有徳人の風貌《ふうぼう》と呼ぶにふさわしい人物であったのである。

内乱期六浦の三入道

当時の六浦には、妙法と同様な有徳人が幾人か確認できるという。いずれも最近、称名寺の古文書や説教・唱導資料から導き出された事実である。

一人は中江入道という六浦の釜利谷《かまりや》の住人だが、鎌倉にも屋敷を所持していた。彼は建武二年（一三三五）に死んでいるが、金沢氏の所領、下総下河辺庄《しもこうべのしょう》（現野田市および周辺一帯）あたりを中心に、あちこちの代官職を請け負っていた代官クラスの人物であった。釜利谷には曹洞宗の禅林寺があり、この寺は関宿《せきやど》（下河辺庄の一部）の東昌寺《とうしょうじ》（現茨城県猿島《さしま》郡五霞町《ごかまち》）の末寺で、両地域は曹洞宗のルートで結ばれていたものとみられる。

次の人物はミナト入道といい、道心という法名をもち貞和《じょうわ》五年（一三四九）に死去している。彼は六浦の瀬ヶ崎付近の「ミナト」に居を構えていたが、ここは奥州探題の斯波《しば》氏が館を構えていたり、禅宗円覚寺の末寺勝福寺があったりする場所で、ここに流入する富を吸収せんとしていた。ミナト入道も大変な富裕人で、彼の三回忌の表白などによれば、「宿福深厚《しゅくふくじんこう》」＝前世の善行により富裕な家に生まれ、一族をあげ仏法に多大な寄与を与えていた。その施しは聖道門や浄土門を選ばず、叡山や奈良の寺院から関東に下って来た僧侶たちや地元の身分の低い僧侶たちにも多額の寄進を与えており、称名寺にも一族と思われる人物が一〇〇〇貫もの大金を寄進しているらしい。中江入道とミナト入道は、ほぼ同時代の六浦で活躍し、類似した性格をもった有徳人だった。

初期真宗と有徳人

有徳人と宗教との関わりは日蓮宗だけに限らない。たとえば初期の真宗の有力者だった了源《りょうげん》（一二九五～一三三五）についても、その有徳ぶりが伝わっている。

了源は親鸞から発して下野高田《たかだ》（現栃木県芳賀《はが》郡二宮町《にのみやまち》）・武蔵荒木《あらき》（現埼玉県行田市）・同阿佐布《あざぶ》（現港区麻布）・鎌倉へと展開した東国の真宗門徒の流れに属し、京に出て親鸞の末裔《まつえい》の存覚《ぞんかく》の門人となって仏光寺《ぶつこうじ》（現下京区）を建立する。このようにめざましい活躍をした了源は、身分としては六波羅探題の大仏維貞《おさらぎこれさだ》の被官であった比留維広《ひるこれひろ》の「中間《ちゆうげん》」にすぎなかった。にもかかわらず、鎌倉と京を往復して寺院を建立し、存覚一家の生活を支えるほどの財力は、大仏北条氏の財政管理に深く関与することで蓄えられたものであったと想定されている。

彼らの富は一代で築きあげたものではなく、北条氏権力との接点を考えると、文永・弘安の合戦から鎌倉幕府の滅亡に至るまでの臨戦体制のなかで、兵站《へいたん》物資の輸送などに関わって急成長した階層と推測することができる。その意味で、政治的立場は逆となるが、西国を中心とした悪党ときわめて似通った存在であった。

了源と初期真宗の動向をみると、妙本寺の門流ネットワークの展開などと明らかに類似するといえるだろう。また初期真宗は都市鎌倉の材木座などにも進出し、了源の師明光《めいこう》は高御蔵《たかみくら》（倉）に最宝寺《さいほうじ》（のちに移転。現横須賀市）を建立している。ちょうど隣り合う付近には日昭の浜土法華寺がある。かつて日蓮が熱心に布教した前浜の「下層民」たちと、有徳人らは重なりあう存在であったことはまずまちがいないところであろう。

中山三世日祐の活躍

では有徳人に支えられた僧侶はいかなる活動を展開していたのか。六浦妙法に支えられた中山日祐の活動をしばらく眺めてみよう。

日祐の宗教活動については、彼の死後弟子の日暹《にっせん》がまとめた『一期所修善根記録』により、その全貌が窺える。日祐は一五歳の正和元年（一三一二）より七七歳で死を迎える応安七年（一三七四）まで、法華経転読をほぼ毎年のように大量に行っている。まさに生涯を法華経の行者として歩んだ法華僧だった。そのあいだ、四度の「京上」を果たすことはさきに述べたが、そのうち、建武と暦応の二度の「法門訴訟」は法華経寺に幕府の祈禱寺としての地位をもたらしたのである。

これに対し、鎌倉末期の文保と正中の二度は、修行や聖教を書写するためのものだった。特に聖教書写による蒐集は重要で、日祐の活動の目玉の一つである。彼の蒐集は精力的で、建武四年（一三三七）には六浦妙法の寺庵六浦坊で日蓮の『観心本尊抄』を書写している。これは妙法の坊に独自に日蓮の自筆経典が完備されていたことを意味し、妙法の高い教学の素養を示す意味でも興味深い。

また、建武三年には鎌倉の普恩寺《ふおんじ》で『立正安国論』を書写していることも注目される。普恩寺は北条基時《もととき》流と縁の深い律宗寺院である（現在は廃寺）。日蓮の時代から敵対関係にあるとされる律宗寺院に、日蓮本人の自筆経典が存在しており、それを日祐が書写している。日蓮のものも含めて、当時の聖教類は宗派を問わずにかなり流布していたのである。この点はのちにふれたい。

こうした活動の結果、日祐は康永三年（一三四四）に『本尊聖教録《ほんぞんしょうぎょうろく》』という聖教類の一大目録を作成し、それらの保存体制を整備している。これは師日常の意志を継いだものであった。

その他としては、何といっても寺堂や末寺の造営、仏像の造立がある。妙法の財力に支えられたその活動は、まさにすさまじいばかりのものだった。

そして身延参詣が特筆される。日蓮の三十三回忌にあたる正和四年（一三一五）からほぼ毎年のように繰り返され、日蓮への思慕がひとしお感じられる。参詣は時に日祐の母や千葉胤継、木原氏女など親族をともない、総勢三〇〇余人に及ぶ場合もあった。

しかしこれらは単なる参詣ばかりではなかった。康永三年（一三四四）に日祐は妙法をともない身延にいくが、これは妙法が身延山に造立した多宝塔と二尊（釈迦・多宝）像をめぐる「訴訟」のためであった。教学上の問題が惹起したのであろう。妙法は身延にも縁をもっており、日祐も本妙寺堂供養に身延から導師を迎えている。日祐は六浦という場と妙法という人を介して身延ともつながりをもっていたのであろう。

小さくなる曼荼羅本尊

曼荼羅本尊は、日蓮が考案した法華題目を主尊とする日蓮宗の本尊であり、日蓮自筆のものは一二三幅ほど伝わっている。その後、各門流の僧侶たちもたくさんの本尊をあらわすが、日祐のものも各所に三四幅伝来している。これを大きさから検討すると、ほぼ三つに分かれる（左図）。

タテ八七～九四センチ×ヨコ四五～五二センチのもの（タイプⅠ）が一二例、タテ四二～五〇センチ×ヨコ二九～三五センチ（タイプⅡ）が八例、タテ二七～二九センチ×ヨコ一五～一七センチ（タイプⅢ）が二例となる。このうちタイプⅡが一紙《いっし》という古文書などによく使われる大きさの和紙を利用したもので、これに対してタイプⅠは一紙を三枚継いで使用したものとなる。これを三枚継の曼荼羅などと呼ぶ。

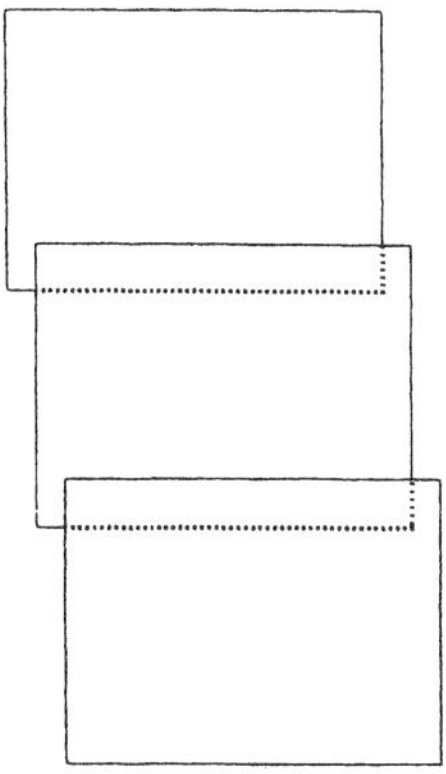

曼荼羅本尊の形態

日蓮のものは、一紙からじつに二八枚継という巨大なものまで確認できるが、一紙より小型のものは確認されていない。つまり日祐のタイプⅢは、日祐の時代になって出現したものなのである。『一期所修善根記録』には、日祐が応安四年（一三七一）の「夏中《げちゅう》」に「半切《はんせつ》本尊」を一二〇幅書写している事実が記されている。この「半切本尊」こそ、タイプⅢである。「半切」とはまさに半分の大きさを示す言葉だが、一紙を三等分してタテに使用すると、丁度半分の長さとなるからである。日祐は応安六年にも一〇〇幅もの本尊を書写している。「半切本尊」の大量書写とは、何よりも小型でたくさんの人々に本尊を分与しようとする努力のあらわれであり、その背景には教線の広まりという事実があると推測できよう。こうした点にも、この時代における日蓮宗の浸透が示されているといえる。

内乱の習俗――預け・借用・袋入れ

『本尊聖教録』は非常に詳細な目録で、多様な記述があり興味深い。たとえば聖教類が所々に預け置かれていたり、また貸し出されたりしている。「預ける」という行為は中世社会で広く行われた習俗であり、物品の緊急避難的な措置として村や町、寺院で頻繁に行われている。この場合も、内乱に直面してその散逸を防ぐ意味をもっていたと考えることができる。また聖教が貸し出されていることは聖教類が書写などのため僧侶のあいだで広く流通していることを意味しており、法華経寺の宝蔵がいわば文庫としての役割を果たしているのである。預け先としては、北方《ぼっけ》又五郎や今嶋田《いましまだ》日遵、大野《おおの》菟又太郎など寺の周辺の地名を冠する人々で、これらは縁のある在家人や僧侶である。彼らは地域に生まれつつあった有徳の人たちとみてよいだろう。また真間御堂（弘法寺）とならんで金沢寺がある。これは金沢称名寺のことで、律宗寺院に預けられているのはおもしろい。おそらく六浦妙法の縁によるのであろう。

借り主は日蓮宗の藻原（藻原寺）、真言宗の龍福寺《りゅうふくじ》（現旭市）や、伊豆、流阿といった僧侶があげられるが、二日市場《ふつかいちば》（現市原市か）の香阿といった名もある。香阿は単なる僧侶というよりも、二日市場という町場を拠点とした有徳人が僧侶となった人物ではなかろうか。

また、内乱期の習俗ということでいえば、文書の保管体制についてもいえる。日祐は康安《こうあん》元年（一三六一）に詳細な文書目録を作成するが、そこでは文書が寺領の性格ごとにまとめられ、「皮袋」「キンケウの袋」「シノフノ袋」などの袋に入れられているのである。そして聖教とともに法華経寺の宝蔵に入れられて保管されている。『本尊聖教録』によれば宝蔵のなかに「文書袋」や「文書ツ、ラ（葛籠）」が確認されるのである。これは一旦《いったん》事あればいつでも持ち出して避難が可能な保管のあり方であろう。

これに関連しては、じつは『本尊聖教録』が一度作り直されているふしが認められる。その記述のなかには、「本尊聖教録一　動乱以前ノ」とある。内容の検討からは日蓮の作成したものとも考えられるが、「動乱」のはじまり以前に一度作成された目録が、必要に迫られて作成し直された、とも読める。もしそうだとすれば、この目録は、「動乱」＝南北朝内乱の展開にあたってリメイクされた、まさに内乱の所産ということになるだろう。それが預けや借用、そして文書の袋入れという事態を意味する、と推測しておきたい。

そしてこうした習俗を支えた者も有徳人だった。時期は下るが、戦国期の近江堅田《おうみかたた》の真宗寺院本福寺《ほんぷくじ》（現滋賀県大津市）の明誓《みょうせい》は、「物を預けて違《たがえ》ぬ人は、仏法の志ありて殊に世帯は心安く、有得の人は惣じてものを違へぬ者也」（『本福寺跡書』）と述べている。こうした有徳人こそ、預かる主体でかつ、仏法への奉仕者であったのである。

教線の広がり

千葉氏から寄進された大量の田地は、法華堂や法華道場などの他、三谷《みや》堂・倉持《くらもち》堂といった地名＋堂の免田（免租地）で構成されおり、胤貞流の本拠地の下総国八幡庄や千田庄を中心に分布していた。そしてそのなかから、やがては六浦上行寺や千田庄の安久山円静寺《あぐやまえんじようじ》（現匝瑳《そうさ》市）など、寺院化するものもあらわれる。

そして日祐の活躍は、さらに広く各地に拠点をつくってゆく。肥前小城はその典型だが、他にも利根川上流の古河《こが》妙光寺（現茨城県古河市）や陸奥国姉葉《あねは》の法華堂（現宮城県栗原《くりはら》市金成《かんなり》町姉歯《あねは》）、同伊具《いぐ》郡の大怒満利法華堂などが応安六年（一三七三）には確認できる。日祐の後半生には、それは明らかに千葉氏の影響力を逸脱したものとなっていた。

たとえば興味深いのは武蔵国石浜《いしはま》（現台東区）である。ここは鎌倉時代に時宗の一遍が遊行し、のちに時宗道場が建立される場所である。隅田川の西河岸に位置し、東の対岸には古代官道の隅田《すだ》宿、さらには室町期に内陸部からの年貢の積み出し港で「問《とい》」（港湾業者）がいた今津《いまづ》（今戸《いまど》）と隣り合わせた地で、室町時代初期の物語『義経記《ぎけいき》』には西国船が着くところと観念された地である。延文三年（一三五八）、日祐はここに法華道場を創っている。つまり時宗道場に対抗して、石浜の拠点化を目論《もくろ》んだのである。

このように当時の関東、特に江戸湾（東京湾）周辺には石浜や品川、神奈川、富津《ふっつ》（古戸《ふんと》）、市川などの港を中心に、町場（都市的な場）が広範に出現していたのであり、そこには時宗や日蓮宗、あるいは浄土宗などが積極的に布教していたのである。これはそこにある富と有徳人らをターゲットにしたものに違いない。地域社会の主要な結節点とそこにいる有力者こそ、これら鎌倉仏教の担い手であったのである。

所《ところ》の売状

そうしたなか、じつは地域の基本となる村落がその輪郭を明確にあらわしてくる。観応《かんのう》三年（一三五二）には、法華経寺のある八幡庄谷中《やなか》郷が一円（まるごと）に寺領となった。さらに一四世紀の後半から一五世紀の初頭にかけて、「村」や「郷」そのものが寺領となってくる傾向がある。

印象的な事例をあげよう。それは応永一三年（一四〇六）、千田道胤という武士により寄進された「ふるまかた村」である。この「村」は臼井《うすい》庄神保《じんぼう》郷の内部に成立した「村」で、近世には車方《くるまがた》となり、現在も千葉県船橋市に地名を残す古い村である。ここを道胤は三二貫という高額で法華経寺に一円に売り渡している。その売券には、「所売状」とある。この「所」とは、前章の末尾でもふれた中世人の生活の基盤を意味する言葉でもある。道胤はこの「所」の領主であろうが、その「所」が寺に売却されたのである。しかし当然のことながら「村」には住民もおり、生活を営んでいた。そこが売却されたのである。こうした行為は、寺にとっても、住民にとっても、新たな関係をもたらすものであろう。次章以後は、こうした「村」や「郷」の動きにも焦点を当てて、さらに日蓮宗の展開を追ってみることにしよう。

第4章　日親——結衆と一揆の時代を生きる

結衆と一揆の時代

内乱以後の鎌倉仏教

鎌倉仏教は一四世紀の全国内乱を経験して、はるかにしたたかになった。悪党や有徳人は、かつての「下層民」が成長し、社会の富を体現する存在だった。彼らを取り込んで門流を形成し、流通の波に乗って各地に独自の基盤を形成しつつあった。鎌倉仏教はまさに戦国仏教への道を歩みはじめたのである。

しかし、そのことは一つのジレンマも生むことになった。武士や有徳人の行動を支配していたのは、現実社会への関心であり、日蓮以来の法華経至上主義は改変を余儀なくされてゆくのである。

そして室町時代、すなわち一五世紀の社会においては、有徳人の存在はますます重要になってくる。かつてある研究者は、室町時代を「有徳人の世紀」、と呼んでいるほどである。この時代、戦国仏教としての日蓮宗はいかに展開してゆくだろうか。本章の課題はそれを描くことにある。

一五世紀の日本

では一五世紀とはいかなる時代か。この時代は、将軍足利義満《よしみつ》による南北朝の統一以来、つかの間の平和がひとまず訪れる。それは「応永」という年号が比較的長く使われていることにもあらわれている。応永元年（一三九四）からじつに三五年（一四二八）まで続くこの時代、将軍が義満から義持《よしもち》に変わるものの、さしたる兵乱もなく、年号を改元する必要がなかったのである。

しかし東国の鎌倉府と室町幕府の関係は、鎌倉府の長である鎌倉公方足利氏が京の室町将軍足利氏に何かと反抗的であり、常に自立の機会を窺っていたことにより、緊張したものだった。このことが社会の不安定な要素として存在しており、やがてこれを発火点として、紛争が惹起される。

応永二三年（一四一六）、東国で上杉禅秀《ぜんしゅう》の乱が起こる。これは鎌倉公方足利持氏《もちうじ》と不和になった前関東管領《かんとうかんれい》の上杉禅秀（氏憲《うじのり》）が持氏を襲った乱だが、ことの発端は、京からの自立の志の強い持氏の行動を禅秀が強く諫《いさ》めたことにある。禅秀は駿河に落ち延びるが、幕府が持氏に加勢して鎌倉で自害した。

こののちも持氏の独立の意志は強く、ついに永享《えいきょう》一〇年（一四三八）に当時の室町将軍足利義教《よしのり》は持氏の追討を決意し、持氏は翌年に自殺に追い込まれる。持氏の遺児足利成氏《しげうじ》は鎌倉公方として取り立てられるが、やはり自立の意志をもち、幕府に公然と背いた享徳《きょうとく》の乱が起こり、東国は親幕府派と成氏派に分かれ戦乱の巷と化し、成氏は鎌倉から古河に移り古河公方となる。

やや遅れて京の政界も不安定となり、将軍権力と守護大名たちの政治バランスが崩れる。嘉吉《かきつ》元年（一四四一）には足利義教が赤松満祐《あかまつみつすけ》に殺される嘉吉の乱が起き、やがて大名たちの確執から応仁《おうにん》元年（一四六七）以後、大乱に発展する。応仁・文明《ぶんめい》の乱である。このように応永が終わる頃から東西で戦乱が続き、一五世紀半ばから、社会は本格的な内乱の時代を迎えてゆく。

悪化する気候と社会環境

そして近年注目されているのが、気候の不順と飢饉による自然・社会環境の悪化である。第2章でもふれた藤木久志氏の研究によれば、一四〇〇年代とは、頻発する飢饉がピークを迎える時代だという。南北朝期の建武・正平の飢饉に続き、一見平穏な応永年代にも、じつは大きな「応永の飢饉」があり、その後応仁の乱直前の長禄《ちょうろく》・寛正《かんしょう》年間の大飢饉に至る。その背後には、長雨と寒冷化という気候条件の悪化があるという。この状況は、一六世紀に向けてほとんど日常化してゆくというが、一五世紀が飢饉の頻発する世紀であったことはまちがいない。

結衆と一揆の時代

また、別の視角からこの時代の特徴を的確に捉えるものとして、結衆《けっしゅう》と一揆の時代、と呼んでおきたい。では結衆とは何か。これは人々が何か一つの目的のために意志統一をはかった集団を意味する。そのもっとも典型的なものは宗教による集団で、中世の村や町が鎮守の寺社を基盤に形成したものである。つまり、これは一揆にほぼ等しいのであり、いわば村の一揆、町の一揆といえるものである。

南北朝期からの日本でさまざまな階層が一揆を構成していたことはすでにふれた。室町時代は、そこから結衆を基盤とした村がくっきりと姿をあらわすことが大きな特徴の一つといえるだろう。

通常、これは畿内近国における自治的な村落のことを示す「惣《そう》」「惣村」の成立として説明される。江戸時代の村につながる村落の萌芽がこの時代にあらわれる、という認識である。それは事実の一面をついているが、最近では江戸時代のみではなく、その後近代から現代につながる民間の組織である村や町が形成されてくる画期として、もっと大きな社会体制の転換点として評価される傾向が強い。したがってそれは、畿内という先進地帯だけの現象ではなく、後進地帯とされる東国なども含めた、中世社会の大きな転換点ということになる。

またこれは村落に関する中世考古学の成果とも符合する。地域でやや時間差をともなうものの、一四世紀から一五世紀にかけて、散在的な居住形態をもった集落が、集村へと変化する様相が発掘の成果により全国各地域で確認されてきているのである。

このような村の成立の前提として、従来は水田二毛作の普及など生産力の向上や、流通や交通の活発化という事実が指摘されてきた。しかし、最近は社会環境の悪化により、村や町が自衛のためにその自立性を高めるのではないか、という指摘もある。確かに「身構えた村や町」が織りなす熾烈《しれつ》な生存競争の世界は、この世紀の大きな特徴である。なかなか評価が難しく、今後さらに研究が必要だが、いずれにせよ、結衆という原理がこの時代の社会の根底に確かな位置を占めてくることだけはまちがいがない。

そして武家領主や僧侶の一揆は、こうした村の結衆を基盤として地域社会を構成していた。そしてそれらはしばしば重層的・複合的に結びつくのである。

たとえば村の結衆と領主の一揆は結びつき、重層化して、大きな組織を作り上げる。文明一七年（一四八五）に山城《やましろ》で成立した山城国一揆がその典型であり（学界ではこれを「惣国一揆《そうこくいっき》」と定義している）、それが宗教的な色彩を強く帯びると、加賀や越前で成立した一向一揆や京の法華一揆のような宗教一揆になるのである。

そうしたなかで、戦国仏教としての日蓮宗はいかなる相貌をみせるのだろうか。

日親と一五世紀社会

この章では一人の日蓮宗僧の生涯をたどることで、課題に迫ることにしたい。その僧侶とは日親《にっしん》である。

日親は応永一四年（一四〇七）に生まれ、長享《ちょうきょう》二年（一四八八）に没している。その八一年の生涯は、まさに一五世紀の一世紀とほぼ重なる。東国は上総に生まれ、死去したのは京である。

文明二年（一四七〇）に書かれた『埴谷抄《はにやしょう》』で、日親はそれまでの三〇余年のことを回顧して、「取り分け此の卅余年の間は、花洛《からく》（京都）と柳営《りゅうえい》（鎌倉の地）の中間を上下つかまつり候ことは、往復十五ヶ度、帝都より鎮西へ下向つかまつること六ヶ度、北国は佐渡国までも罷《まか》り下り候て、建寺興法し候、その外近江・加賀・備後・備中・雲州に至るまで、寺院を造作し、僧坊建立せしめ、周旋往返の利益を本とし、身軽法重の修行を専らとするによりて、多分は在所遼遠《りょうえん》の栖家《すみか》にて候」と述べている。

多言は必要ないと思うが、壮年以後、日親はまさに列島をかけめぐって布教にその一生をかけたのである。その結果、遠く鎮西から関東に至るまで日親所縁《ゆかり》の寺院が創立され、晩年は京に本法寺《ほんぽうじ》（現上京区）という本寺を建立し、ここで死去する。

その行動は、彼が出た中山門流のネットワークに見事に重なる。そしていうまでもなく、日親は室町時代の列島各地の姿を目に焼き付けていた。我々は彼のこの「移動する視座」を利用して、当時の列島社会の有様を俯瞰《ふかん》的に眺めることが可能なのである。

また彼の思想的立場は、日蓮にきわめて近く、その意味で当時の日蓮宗のもつジレンマを一身に体現する存在であった。そのことが、はからずもこの時代の日蓮宗の実態を余すところなく描き出すことに成功した大きな要因でもあったのである。

前置きが長くなってしまったが、以上を前提に、まず日親の出自を確かめることからはじめよう。

日親の登場

上総国に生まれて

日親は上総国武射《むしゃ》郡埴谷《はにや》（はんやとも。現山武市《さんむし》）に生を享けた。『埴谷抄』には、埴谷妙義と「父子の契約」を遂げたとあり、近しい親族から埴谷の本家の養子に入ったとみられる。

妙義は他の史料によれば法義の誤りとみられ、埴谷備前守（入道）重義と名乗る武士で法名を法義日継といった。埴谷重義は中山門流の在家門徒で、しかも応永当時の関東管領・上総国守護である犬懸《いぬかけ》上杉氏の当主上杉朝宗《ともむね》の重臣で、朝宗が兼務していた武蔵国守護代の要職にあった。

埴谷氏と中山門流の結びつきは、康安元年（一三六一）に重義の前の埴谷左近将監《さこんしょうげん》が日祐を招いて持仏堂を建立したことにはじまる。そしてさらに明徳元年（一三九〇）にはその持仏堂が妙宣寺《みょうせんじ》となり、日祐の次の貫首日尊《にちぞん》により開堂供養が行われている。この間、中山門流と埴谷氏のあいだを取り持ったのが、やはり埴谷氏の出身で中山法宣院《ほうせんいん》の僧日英《にちえい》である。この日英こそ、日親の直接の師であった。

ところで名門犬懸上杉氏の重臣といっても、埴谷氏は伝統のある家臣ではなく、出自すら明らかでない在地の武士である。最近、埴谷氏が武蔵の秩父平氏である榛谷《はんがや》氏を出自とするのではないかという説が出された。鎌倉時代に三浦氏や上総氏の被官となって上総国に土着した氏族ではないかという。

確かにそう考えると、武蔵に縁がある理由や、のちにふれる上総本一揆《ほんいっき》の首謀者榛谷重氏《しげうじ》との関係を無理なく理解することができる。榛谷から埴谷へ名乗りを替えたのは、拠点の一つである埴生郡から一文字を採ったからであろうとする推測もある。

上杉禅秀の乱のなかで

日親は幼名を寅菊丸《とらぎくまる》といい、兄がいたが彼は千代鶴丸（のちの日国）といった。彼らは日英のもとで修学に励んだが、応永二四年（一四一七）、兼ねてより病の重かった六七歳の日英は、期待の二人に対して何通かの譲状を認《したた》めている。幸いに日英の病は癒《い》え、応永二七年にも再度譲状を書いている（死去は応永三〇年）。この一連の譲状は、大変に興味深い内容をもっている。

そこには夥しい数の内典・外典、先師代々の曼荼羅などの聖教が記載されており、本寺の日祐のそれに比較しても個性的で決して引けを取らない。しかしそれにもまして驚かされるのは、その「末寺・講演職」とされる各地の拠点の広がりである。

それは上総・下総・安房の房総三国はもとより武蔵の各地にわたり、さらに首都鎌倉に妙隆寺《みょうりゅうじ》、武蔵府中に妙昌寺《みょうしょうじ》（所在不明）という拠点寺院を置き、さらに京（洛中）に妙法寺（所在不明）を建立している。そして東国と京を結ぶ東海道には「海道諸末寺」が配置されているのである。

これは都鄙《とひ》（都と田舎）間に及ぶ政治的な拠点と地方の経済的ターミナルである町場的拠点とを結びつけた、まさに広域的な信仰のネットワーク以外の何物でもない。

こうした末寺などの広がりは、本寺である法華経寺のそれを明らかに越えている。これは日英個人の精力的な布教ももちろんあるが、その背後には埴谷氏、ひいてはその主《あるじ》犬懸上杉氏の政治的な力量があることはほぼまちがいない。

というのも、じつはこの「末寺・講演職」の多くに「今は破壊」「今は退転」「今は乱」といった記載があることに関係する。この時点で多くの末寺等は破壊されていたのである。その要因として考えられるのは、譲状が書かれる直前に起こった上杉禅秀の乱である。

応永二三年から翌二四年にかけて勃発したこの乱が、朝宗の子氏憲（禅秀）と鎌倉公方足利持氏の争いであることは前述したが、専横をきわめる持氏に対して禅秀が起こした反乱で、最後には禅秀は鎮圧されている。

犬懸上杉氏と重臣埴谷氏の力量を背景にした末寺等が、その過程で敵対勢力により破壊された可能性はきわめて高い。この譲状は、埴谷一族の繁栄と没落をあざやかに示しているのである。

上総本一揆とその周辺

乱の直後から翌応永二五年にかけて、関東では公方持氏により熾烈な禅秀の残党狩りが行われる。その五月、上総では一揆が起こる。上総本一揆と呼ばれる一揆である。

当時は平《へい》一揆や武州南一揆など、武士たちが一揆して政治勢力となることが頻繁に起こっていた。この一揆は持氏に滅ぼされた上杉方の上総の武士たちが抵抗するために結んだ反公方持氏の一揆である。その大将こそ、榛谷小太郎重氏という人物である。

当初、上総に討伐軍が派遣されると、一揆勢は国府の周辺から近郊の平三城《へいぞう》（現市原市）へ退却したため衝突には至らなかったが、翌年正月、ふたたび一揆勢が埴生郡坂本城（現長生郡《ちょうせい》長南町《ちょうなん》）で蜂起する。今回は頑強に抵抗するが、結局は榛谷重氏は降参して鎌倉へ赴き、由比ヶ浜で処刑された。

この榛谷重氏は、埴谷氏の一門とみてよい。上総の旧上杉方の武士を糾合するには埴谷の家柄はやはりシンボルとなりえた。また国府から埴生郡・武射郡に至るルートは埴谷氏にとってまさに庭のようなものであったのだろう。

ただ、重氏に従った武士たちの構成について明らかにできる古文書や記録はなく、残念ながらまったく不明である。しかしその実態を推測できる手掛かりはある。それは地域に残る金石文《きんせきぶん》（仏像の胎内銘や木石でできた資料とそこに刻まれた文字）である。

応永の板曼荼羅

応永九年（一四〇二）、下総香取郡小菅《こすげ》の妙福寺《みょうふくじ》（現成田市）において、「一結衆」により板曼荼羅本尊が建立された。前章でふれた六浦上行寺のものと類似する板本尊が、ここでも作成されていたのである。次頁にそのトレース図を示しておいた。

ここには下半分に五段にわたり多くの「一結衆」の名が刻まれており、日蓮宗という信仰を介した在地の人々の結合が明らかになる。

最上段には当時の中山門流の貫首日暹《にっせん》を中心に、歴代の貫首と胤貞以下の大檀那千葉氏の名がみえる。日英の逆修《ぎゃくしゅ》（生前供養）の銘もある。次の段の中央には千代鶴の逆修銘がみえ、彼を中心に日号をもつ集団が記されている。ちなみに日親（寅菊丸）はまだ生まれていないが、生まれていたらここに名が刻まれていたに違いないだろう。

そして下の三段には、妙円・妙願などの法名に混じって右近次郎・孫三郎などの名があるから、百姓＝在家人の集団である。しかし、そのなかに原七郎・飯田妙祐・飯田与三といった名字をもつ者が

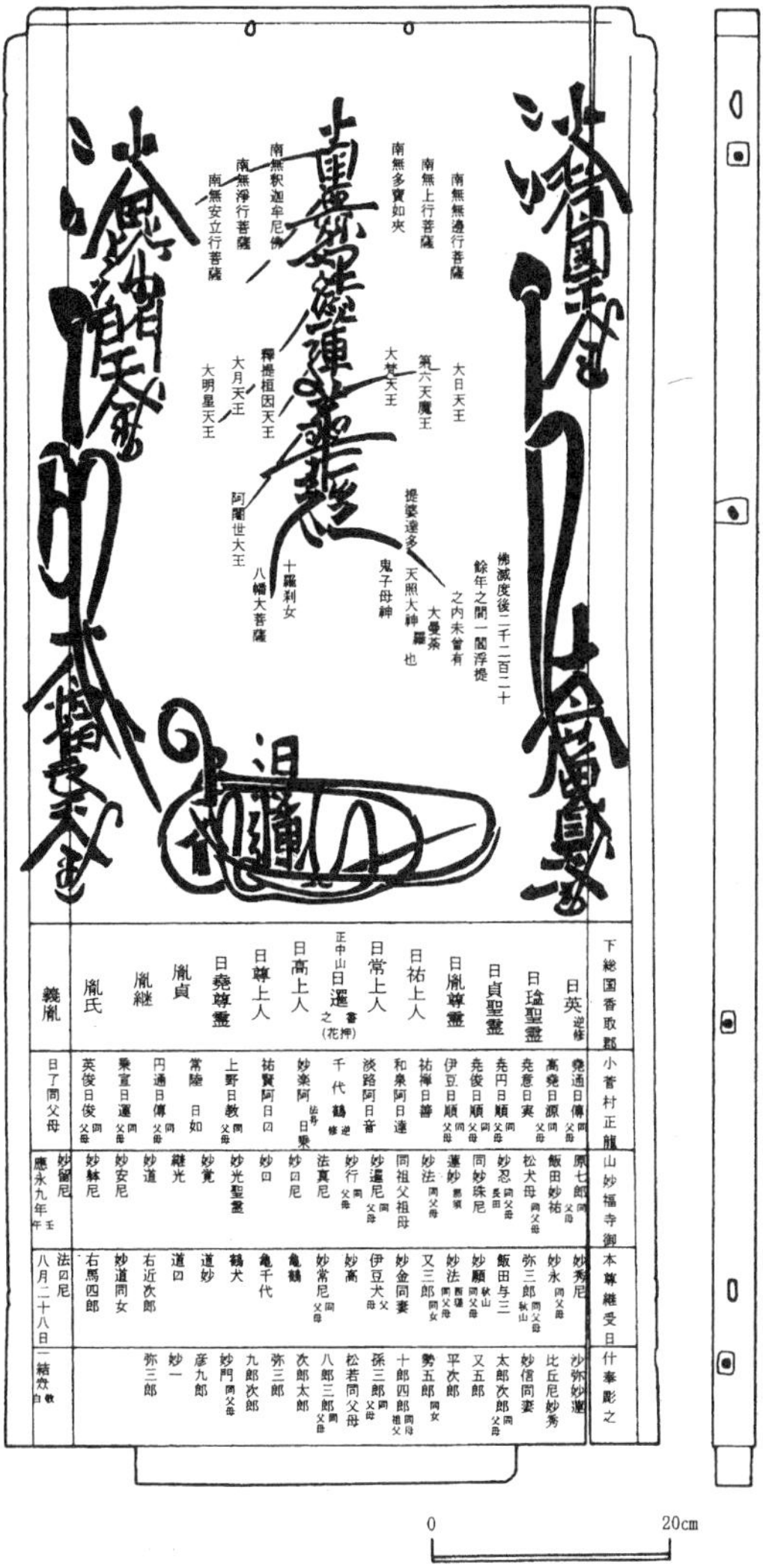

妙福寺板曼荼羅本尊（阪田正一『題目板碑とその周辺』より）

含まれていることに注意したい。

彼らは在地に自生的に生まれてきた侍身分の者たちで、彼らにより百姓らの郷村が主導されていたのである。つまりこの「一結衆」は、中山門流の貫首—日英—千代鶴という信仰を縦軸にしながら、地域の郷村の結衆を横軸として成立していた結合だったのである。そのなかには当然さまざまな階層の違いや信仰上の差異もあった。しかし信仰を媒介に彼らはこの本尊のもとに「一結衆」として結集している。これはまさに一揆に等しい。しかも郷村を含みこんでおり、すでに構造化・重層化への志向をもつ一揆であった。

同様のことは応永二六年（一四一九）の下総千田庄の安久山《あぐやま》円静寺の板曼荼羅本尊でも確認できる。その結衆は「廿二日契約衆」となっている。これは毎月二二日に講会《こうえ》がもたれるいわば二二日講の講衆だったのであろう。

ここには日英、そして法義（埴谷重義）の名もみえ、那須・林といった侍の名、胤貞流千葉氏の諸氏の名もあり、小菅のものとまったく同様である。

当時、日親は一三歳である。彼がこうした東国の一揆の世界の住人であったことはまちがいない。

郷村社会の広がり

近年、調査の深まりにより、下総・上総の金石文の分布がかなり明らかになってきた。それによると、応永年間を中心に、中山門流の拠点である下総国千田庄とその周辺に多くの日蓮宗の結衆板碑《いたび》が存在することが判明した。

それらは多かれ少なかれ、小菅妙福寺の板曼荼羅本尊の「一結衆」に類似する。この時代の下総北部には、郷村を巻き込んだ多くの結衆が存在していたのである。

東国の板碑全般についてもいえることだが、一五世紀の半ば頃を画期として、結衆により造立された板碑が広範に成立する。その母体は成熟しつつあった村落住民だが、それは上総・下総でも同様であった。

そしてこうした郷村の有力者が名字をもつ侍となって村を主導し、その上に武士たちの結合が乗り、さらには有力な武士のもとに緩やかな一揆が形成される。その際、日蓮宗などの宗教がパテとして大きな役割を果たしていたのである。その基盤となったのは、郷村の鎮守社や村堂・寺庵といった宗教施設であった。

侍の多くは、この鎮守社や堂庵の檀那や地主としてその運営を主導し、さらには上層の武士の被官となってゆく。上層の武士は侍と郷村、その核となる鎮守社などとその信仰を保護する義務を負っているのであり、いかにこれらを自己のもとに組織できるかがその自立の鍵となるのである。結衆や一揆に体現される重層性、共同性の根底には、こうした相互の関係があったのである。

これは日蓮宗以外でも一般的な動向だった。たとえば寛正五年（一四六四）、上総国畔蒜庄《あびるのしょう》亀山郷《かめやま》の沼田寺《ぬまたでら》（現君津市）で大日如来《だいにちにょらい》が造立された。沼田寺は応永二六年、禅秀の乱直後に円覚寺の所持が認められた地域寺院だが、この像は大檀那の鳥飼氏を筆頭に、「十方檀那《じっぽう》」（一般的な檀那の意味か）の石橋・平士・三枝らの侍と、五郎四郎らの百姓の結衆により造立されたものであった。

この頃を境として、上総にも多数の郷村レヴェルの鎮守寺社が確認されだす。そしてやがて一六世紀を迎えると、侍や百姓らの名が棟札などに多数見いだされるようになる。一五世紀の半ばとは、まさにその起点となるものであった。

中山門流と地域社会

当時の中山門流の動向はいかなるものであったのか。一瞥《いちべつ》してみよう。

南北朝期の日祐の活躍により発展していた中山門流は、日祐が死を迎えた応安七年（一三七四）頃を境として、門流の発展に陰りが見えはじめる。

その要因としては、大檀那の胤貞流の千葉氏が下総守護の千葉介家におされ徐々に力を失ってゆき、門流もその外護を期待できなくなったことが大きい。日祐の努力により結ばれた室町幕府の祈願寺としての立場も、鎌倉府の基盤が整ってくるに従い、有効なものではなくなってゆく。

やがて永徳《えいとく》二年（一三八二）、中山門流は千葉介家、そして鎌倉府の安堵を受けるようになる。日蓮宗のような新しい宗派にとっても、鎌倉府を中心とした政治秩序が大きな影響をもつ時代となった。

しかし、千葉介や鎌倉府は檀那ではないから、中山門流は新たな後ろ盾を得る必要に迫られた。そこで日祐に続く四代貫首日尊や五代貫首日暹がまず行ったことは、日祐から受け継いだ寺領や末寺を固守することであった。日尊は建長寺による寺領の押領を鎌倉府に訴えて排除し、日暹は応永四年（一三九七）、鎌倉府の挙状（推薦状）により室町幕府へ全寺領の安堵申請を行っている。その際に書き上げられた寺領は、下総国を中心に上総にまで及ぶ田畠や末寺、郷村だったが、さきの日英のものに比べ遜色が明らかである。その後応永二七年（一四二〇）の千葉兼胤《かねたね》の安堵までその全体に変化はない。

応永二九年は大きな変化の年となった。この年、日暹が死去し、六代貫首となった日薩《にっさつ》が後を追うように死去したのである。その後を受けて七代貫首となったのが、のちに日親の宿敵となる日有《にちゆう》である。

同年八月、千葉兼胤は日薩への代替わりに際して安堵状を出すが、おもしろいのは、この安堵から以後、末寺や寺領の詳細な書き上げが一切なくなることである。

これは地域の寺院の寺領のあり方の変化を意味している。中山門流のそれは、荘園制のもとでの免田（免租地）を基本としたものだったが、その前提となる荘園制的な土地所有のあり方が、いよいよ消滅に向かったことを意味している。

同時に有力な外護者がそれを保護する時代も終わり、寺領や末寺の保全は自らの実力で行う時代へと変化してきた。それは村や町が自立してきたことの別の表現でもあった。

いよいよ地域の寺院は、地域の村や町そのものに依存する方向へと大きく舵《かじ》を切ることを要請されていたのである。

日親と日有

まさにこの時代、日親は成長を遂げていた。応永三四年（一四二七）、二一歳になった日親は上洛を遂げ布教活動に入っている。やがて中山門流内部でその英才ぶりを発揮し、永享五年（一四三三）には一躍九州の惣導師を日有より命じられ、肥前小城の光勝寺《こうしようじ》に赴く。しかし日親が九州にあった永享九年（一四三七）、日親は日有の使者により門流からの破門を宣告されるのである。

その理由は、日親と貫首日有の布教に対する方向性の相違から来る確執であった。日親は日蓮の説いた法華経至上主義に忠実であり、現世主義に傾斜した日有の布教のあり方に強く不満を抱いていたのである。日親は上洛当初より日有への批判を強めており、たびたび日有の「謗法《ほうぼう》」(法華経をないがしろにすること）ぶりを激しくたしなめている。そのあまりの激烈ぶりに業を煮やした日有は、ついに破門をいい渡した。

その途端、日親に従っていた弟子たちは目をいからせ顔色を変える有様で、日親が所持していた日蓮の曼荼羅本尊や代々の先師の本尊なども剝奪されてしまった。

『折伏正義抄』の世界

こうした一連の事態を日親自身が記しおいたものが『折伏正義抄《しやくぶくしようぎしよう》』である。これは永享一〇年（一四三八）に書かれたもので「九州真俗中」に充てられていることから、おそらく京で記されたものであろう。

この書の性格は、日親が純粋な日蓮宗信仰（しばしばそれは「法理」と表現されている）に基づいて、日有の「謗法」ぶりを痛烈に批判した告発の書、ということに尽きる。日親はこれを中山門流の九州における外護者である千葉胤鎮《たねしげ》に教訓として申し渡しているのである。

そこで以下、この書の内容に注目したいが、まずみてみたいのは、東国で日親が見聞した日有の「謗法」を並べ立てた「九種の謗法」という箇所である。ここに記された事実は、日有が貫首に就任した応永二九年以後、永享一〇年までの一六年、と一応は考えてよいだろう。一五世紀の第二四半期といったところである。

日有の「謗法」ぶりはともかくとして、注目したいのは、そこに描かれた東国の地域社会の宗教的なあり方の実態である。後進地帯といわれる東国で、この時代の村や町の実態がよくわかる史料はきわめて稀である。そこから中山門流がいかにして村や町に浸透していったのかについてみてみたい。

東国の郷村社会と日蓮宗

寄進と安堵――中世的論理としての

まず「九種の謗法」の第一の「謗法」をみよう。法華経寺の所領の保護と支配者の交替をめぐる問題である。

本妙寺（法華経寺のこと）は、胤貞流千葉氏の外護を受け寺領も寄進されていた。しかし子孫の多《た》古《こ》胤満の「御退転」以後は、守護千葉介が「一円に知行せらる処《ところ》」となった。しかるに本妙寺が寺領を捨てないことを日親はまったくの「謗法の寄進」だとして非難する。これに対して日有は、寺領は多古殿の寄進を千葉介が重ねて安堵したにすぎないのだから、謗《そし》られる謂《いわ》れはない、と反論する。

これに対して日親は、「安堵を引く事は、御帰依の師檀の間に定まる法」だとして、在家（俗人）の安堵の論理を引き合いに出す。在家のあいだでは、本領の当知行《とうちぎょう》人として安堵を受けたなら、その「家風」（従者）となって、昔は傍輩（盟友）であっても「主従の契約」をなすのが「習い」である。これになぞらえれば、寺家・社家の知行も同じであるとして、次のように述べる。

古《いにしえ》は誰人の立てたる寺社なりとも、惣じて郡郷を知行せらる、人、その寺領等を本のまゝにて指し置かれれば、旦方《だんかた》たる習なり、日本国中の国々・郡々・郷々・村々、無主の地は一処としてもあるべからず、然るに中山の寺領に限りて無主の地と云はんや。

つまり、前の支配者の寄進を追認すれば、それはもう千葉殿が旦方（檀那）となったも同然であり、これは立派な謗法者である。そうした者の寄進など受けるべきではない。そうでないというのならば、法華経寺の寺領は「無主の地」（支配者がいない土地）であることになる。そんな所は日本に一つもないではないか、というのである。

この日親の論理は、「寄進」と「安堵」という行為における、中世社会独特の論理に基づいたものである。

寄進にせよ安堵にせよ、「主従の関係」など、人と人の結びつきを新たに創り出す行為である。こうした行為は寺社や僧侶の世界にも例外ではない。

日親の主張は、信徒の寄進・安堵を絶対化し、それ以外を排除するというこの人格的な結びつきに立脚している。そこに宗教的な結びつきが加味されたものだったのである。謗法者を排除する日親の論理は、じつは寄進や安堵のもつ中世的な論理に基づいたものであった。

しかし新たな千葉介の安堵に拠り所を求める日有も、同じ人格的な結びつきに依っているという点では、じつは同様の論理に立っていることになる。日親と日有の対立が、ともに中世的な論理によるぶつかりあいである点は興味深い。

また、ここには中山門流の外護者である胤貞流が没落し、千葉介の安堵を受けるようになったという事実が記されている。胤貞流千葉氏は、その後千田庄多古に逼塞《ひっそく》し、多古殿を名乗る小領主へと衰退してゆく。その政治的顚末を活写していることも貴重である。

郷村の堂と現世主義

次に東国の郷村の宗教事情についてしばらくみよう。第二・第三の「謗法」である。

まず日親が問題とするのは、在々所々の諸末寺に阿弥陀や薬師、観音などの日蓮宗にそぐわない仏を安置することである。日蓮宗の本尊は曼荼羅本尊や釈迦仏などで、これらの像は祀《まつ》ることは基本的にはありえない。

事例としてあげられているのは下総国匝瑳《そうさ》郡尾垂《おだれ》（現匝瑳市）の堂である。尾垂は九十九里の海浜に近い集落で、当時は東西に分かれており、それぞれに堂があった。東の堂には観音菩薩、西の堂には薬師如来が安置されていた。

日有は永享九年（一四三七）、この堂の供養を行う。そこに居合わせた日親は、随分と日有に「教訓」したが日有は聞き入れず、終日の法門でも弥陀無縁とはいったが、薬師無縁の化導《けどう》（仏道に導くこと）とは一言もいわない、という。つまり阿弥陀は非難しても薬師仏を否定はしなかったという。

日親からすれば、これは受け入れられない仕儀である。まず、こうした堂を末寺とするからには、日蓮宗の本尊を安置しそれ以外は排除するのが当然である。それをせず、堂供養を行い、薬師を肯定する日有は、謗法者以外の何者でもない。

しかし問題は、日有がなぜそうせざるをえないか、である。そのためにはこれらの仏を祀る堂が尾垂で果たす役割や機能を考える必要があろう。

波の荒い外房の海浜に近いこの地域の生業は、漁業や海上運輸などであったはずである。その生活や生産活動が不安定であったことは想像に難くない。尾垂にとって、観音菩薩には延寿《えんじゅ》（寿命を延ばすこと）を、薬師如来には治病などが期待されていたに相違ない。つまりその信仰は現世利益そのものなのである。同様に現世主義に基づいた日蓮宗は、住民が在来の堂に寄せたそうした期待を排除することができず、そこに同居することでのみ、教線を延ばすことができたのである。

　こうした住民の堂はすでに平安時代から確認できるが、東国ではなかなか確認できない。その意味でもこの記述は貴重である。また顕密仏教論では、こうした堂や寺庵はその毛細血管として支配の道具として説明される。しかし、前にも述べたが、地域住民にとっての現実的な役割は当然あったのであり、この見方は一面的である。むしろこうした機能がこの時期になり充実してゆき、それが基盤となって日蓮宗のような新興の宗教が受容されてゆくのである。

　この時期の宗教者が信仰を広げるに際しては、既存の郷村の鎮守社や村堂を取り込んで、その堂座・宮座や講《こう》を利用してゆくという事実があるが、これはまさに顕密仏教から戦国仏教への「変化」の過程を物語るもの、と位置づけることができる。

郷村の堂と武士

　次には堂や寺庵と、武士や侍との関わりが問題となる。尾垂と同様、日有の謗法が指摘されるが、日親にとってより深刻なのは、法華経寺のごく近辺にそのような堂があることである。

　高石神村《たかいしがみ》（現市川市）は下総国八幡庄谷中《やなか》郷内の村だが、ここに観音堂があった。日親によれば、ここは「大謗法の堂」であった。なぜか。まずこの在所の「檀那」「堂主」である原宮内少輔《はらくないしょうゆう》（胤《たね》義《よし》）が「随分の謗法者」であること、そして観音堂が堂内に仁王経、薬師経を配り供え、大般若心経の札を押し、「他宗の僧俗」が「日々の参詣《さんけい》、夜々の参籠《さんろう》」をするような堂であったことによる。このような堂を日有はそのまま末寺としている、というのである。

ここからは「民衆のお堂」の実態があざやかに蘇る。それは観音堂か宗派を問わず住民が参詣・参籠するような開放的な堂であること、それはその信仰が観音を祀ると同時に、仁王経など雑多な経や札を配置するような多種雑多なものであることにもあらわれている。

現在、高石神には高石神社があり、この神社が郷村の鎮守社であった。観音堂は神社に隣接して存在しており、その別当的な役割を果たしていた。法華経寺のごく近辺にこうした堂があり、これがそのまま末寺となっていたことには驚かされるが、これこそが末寺＝教線の実態であったと考えるべきなのだろう。

だがそれにもまして興味深いのは、こうした堂に「堂主」として原宮内少輔がいることである。彼は下総原氏の一族で、高石神村などを基盤とする小規模な武士である。堂は住民のものであると同時に、武士の堂でもあったのである。こうした点は、東国独自のものとみることもできよう。

日親が日有に「教訓」すると、日有は苦し紛れに堂の仏像の前にある天童《てんどう》を取り除き、日親が偽りをいっていると弁解する。しかしこの仕儀に腹を立てたのは、意外にも原氏なのであった。

彼はこのことで日有と「兎角《とかく》の沙汰」（いさかいごと）となり、「道行かぬ」事態となってしまった。原氏の行動は、住民の在来の信仰を保護することが、この地の領主としての責務である、という関係から出たものであった。「堂主」とは、堂の所有者であるばかりではなく、それを保護し、住民が安心して利用できるような責任を負う立場であったのである。

かつては氏寺や武士の菩提を弔うために建立されたり、荘園領主の支配の役割をもった堂や寺庵は多かった。しかしこの時代、それらの堂は住民によって捉え直され、それを支配者も認めざるをえなかった。武士と侍や郷村の「一揆」的結合の根底には、こうした相互依存の関係が存在していたのである。

辻堂への参詣と年中行事

第四の「謗法」として、日親は「三処の道場」（本妙寺・法華寺・弘法寺か）に「散供櫃《さんぐひつ》」（賽銭箱）を置いて、他宗・他門の米銭を取ることを非難する。それは日本六〇余州で「よろしき山寺」ではその例がないからだという。

しかし興味深いのは、「何となき辻堂」や「何となく古処《ふるきところ》」などには「かかる風情」もあり、「往来の諸人立ち寄りて、一銭二銭の燈明料を入れること」は繁《しげ》くあるという。しかも誕生会《たんじようえ》（四月八日）・涅槃会《ねはんえ》（二月一五日）・卯月《うづき》廿六日・五月十九日・盂蘭盆《うらぼん》（七月一五日前後）・時正《じしよう》（春秋の彼岸）・両寺（法華寺・本妙寺か）の十月会（御会式）などには、自他宗ともに群衆《くんじゆ》するという。

古来からの寺院に賽銭箱を置くことがない、という日親の言をそのまま信用するわけにはゆかないが、辻堂やただ古げな堂などにもこうした参詣が広がっていることは、この時代の特色であろう。それは仏教の庶民への浸透を示す事態である。

辻とは道の交点を意味するが、この場合は町場の小路に立っていた小堂を指すものであろう。不特定多数を受け入れるこうした参詣を日親が拒絶することは当然であるが、町場へ進出する日蓮宗の姿がかえってここから確認できる。

そしてもう一つ重要なのは、法華経寺ら本寺はもちろん、末寺や辻堂に至るまで、寺院の年中行事が定着しつつある点である。特定の行事が一年のサイクルで繰り返される年中行事の定着は、経済基盤と信仰の両面において、寺院の基盤が着実に整備されてゆくことを示すバロメーターである。日親の告発とは裏腹に、やはり日蓮宗の在地への着実な定着をみることができる。その一環に他宗者の参詣も組み込まれているのであり、布教における日有の方向性は明らかであろう。

中世浅草寺のにぎわい

第五の「謗法」として日親があげるのは、門流の僧侶の親類に他宗の者がいることである。ここからは、この時代の有徳人たちの俗縁がどのように取り結ばれているかが窺える点が興味深い。

本妙寺の衆徒である浄光院には、親類で弟子分である松千代殿という児《ちご》がいた。浄光院は、松千代殿を縁によって武蔵浅草寺《せんそうじ》（現台東区）の日恩院の弟子にして、禅林房という名の浅草寺の衆分とした。日親はこの行為を「無信心の者の所作《しょさ》（行い）」であるとして、浄光院の本妙寺への出仕を止めよ、と日有に「教訓」するが、日有はこれを聞き入れないのである。

ここで注目されるのは、本妙寺の有力衆徒でさえ、その親族すべてが法華信仰を共有しているわけではない、という点である。むしろ俗縁の世界のつながりをもとに、親族の信仰は多様性をみせるのである。

ではその縁とは何か。松千代殿が弟子となった日恩院とは、「世福いみじくして、武蔵国中にその隠れなき」人物であった。日恩院（日音院）は浅草寺の一塔頭《たっちゅう》寺院の名であり、この場合は僧侶の院号でもあったのだろう。彼は浅草寺に隣接する江戸湾岸奥部の湊である今津（戸）・石浜において、港湾業を営む僧体の商人であったと推測できる。

今津・石浜は、鎌倉時代より東国の内陸部から運ばれる年貢や物資が、六浦を介して鎌倉へ運び込まれるターミナルであり、『義経記《ぎけいき》』によれば西国舟が着くところ、と観念されていた地域である。また西から房総、さらには陸奥へ至る古代からの官道の追分け地点でもあった水陸交通の要衝である。

かつてここを押さえていた秩父平氏の江戸氏が、大福長者と称されていたことにもそれが窺える（『義経記』）。前章でみた中山門流の日祐が、延文年間（一三五六～六一）に法華道場を石浜に建立したことも思い起こされる。

つまり日恩院は有徳人であったのである。浄光院も「本妙寺随分の衆分」であり、やはり有徳人の系譜を引く家柄であったのであろう。つまり彼らの縁とは、有徳人同士の縁であったのである。

有徳人たちの世紀

本章の冒頭でも述べたように、この時代は、前世紀にも増して有徳人が活躍する時代であった。日親は文明二年（一四七〇）の『伝燈抄《でんとうしよう》』においても、その有徳人の「謗法」ぶりを活写している。品川の鈴木氏は道永、道印（胤）、源三郎の三代にわたり品川で繁栄した有徳人である。特に鈴木道胤《どういん》は巨大な有徳人としてきわだった存在だった。

彼は品川の妙国寺《みようこくじ》の大檀那であるにもかかわらず、鎌倉で千僧供養を営み、伊勢・熊野に参詣し、毎年六月には富士参詣に代官を派遣する。また品川の権現堂《ごんげんどう》に毎月祈禱の護摩《ごま》を焚《た》かせて、鎌倉の天台寺院宝戒寺《ほうかいじ》にも契約の塔頭を設けるなどしている。そしてそれぞれ所縁の寺社に多額の米銭の寄進を行っている。

一五世紀には六浦が衰退し、品川が東国屈指の都市として発展するが、その品川にあって鈴木氏も港湾業を兼ねた富裕な商人・金融業者だったのである。

道胤は日什《にちじゆう》門流の縁により上洛して妙満寺《みようまんじ》（昭和四三年に中京区から左京区へ移転）に多額の寄進を行うが、同時にさまざまな宗教行為を行ってやまない。その前提には、熊野を出自とする彼の広域的な商業活動が存在していたようである。道胤の寄進とは、熊野―京―伊勢―品川―鎌倉にまたがるそれぞれの拠点に喜捨を行うと同時に、そこに自らの基盤を形作る行為であったと考えられるのである。

日親はその「謗法」ぶりを非難するが、その信仰と密接不可分な財力こそ、当時の仏教を支えた力そのものだったのである。このように有徳人が各地に簇生《そうせい》し、厚い層を形成したのが一五世紀であり、まさに有徳人の世紀というにふさわしい時代である。このほか東国では安房妙本寺の日永も、交通に携わる有徳人を出自とする僧侶であったことはさきにふれた。

そして妙本寺が日永の時代に鎌倉府の安堵を受ける祈願所となったように、有徳人には政治権力の手が伸びていることも特筆される。鈴木道胤も鎌倉府から蔵役を免除される特権を有し、浅草寺日恩院も鎌倉府の祈願所であった可能性がある。有徳人と富を、権力者も何らかの形で取り込もうと触手を伸ばしていたのである。

末寺における僧衆と俗衆

次に第六の「謗法」として、日親は東国各地の末寺における僧と檀那のあり方を非難する。

下総古河の末寺妙光寺では、日厳・日顕・日勝と三代のあいだ「智解《ちげ》の無き人」（仏教の才能のない人物）が住持に続き、弟子檀那にも不信心が広まってしまった。

その後本妙寺から伊勢阿という僧が代官として入ったが、その法門は耳に痛く（聞くに堪えないの意か）、古河の僧・俗は伊勢阿を追い返してしまった。さらにその後、古河の住人で檀方とも親しい高祐という人物が寺主になったが、この僧も無知で慈悲の心も知らない人物であったので、俗衆の信仰はすっかり零落してしまったという。

日親のいう「法理」を心得て教導を行う僧がいかに末寺に少ないか、檀方の信仰がいかに脆《もろ》いものか、を日親は非難しているのである。

こうした動向は各地に散見され、六浦上行寺では「檀方不信」で僧衆に志がなく、「折伏弘通の道」は絶え、本妙寺近辺の八幡（現市川市か）などの「地下《じげ》の人々」は、二代、三代は信者であってもその後は無信心になってしまう。こうした人々を受容する日有を日親は激しく非難するのである。

しかし、日親のいう「不信心」とは、他宗の信者となる、あるいは縁をもつということであり、当時の人々にはごく一般的なことであったことは、いままでの記述から明らかだろう。むしろそうした激しい取り合いを経て、仏教は地域に基盤を獲得するのであり、そうした厳しい競争関係の存在を、ここから読みとるべきだろう。

葬送での弟子檀那の取り合い

同じことは、第七の「謗法」にも当てはまる。日蓮宗には、信心のはじめから一人の師匠の教えに従うという「一仏始終《いちぶつしじゅう》」の習いがあった。しかし日有は、門徒の僧衆の弟子檀那を取って、自分の直弟とする、という無法を行う。

下総松丸郷《まつまる》（現市川市か）は正行寺（唱行寺《しょうぎょうじ》か）が導師として指導していたのに、本妙寺の浄光院が奪った。こうした事例は枚挙にいとまがないが、総じて「下総の門人によろしき弟子を大房（本妙寺）に取られざるはなし」という状態であった。

その際、特に問題とされているのは、「没後」のこと、つまり臨終の際の引導についてであり、それが「多古・中村・嶋原・尾垂・三谷・山崎なんどと云へる在々処々の人の死たらんは、何《いか》なる誰人が師たりとも、その師のいろう（関わる）ことこれ無し」（多古・中村・三谷は千田庄の郷村。尾垂は既出。他は不明）、つまりその権利を日有が独占していたのである。

日親はさらに千田庄の「いど山」（井土〔戸〕山。現香取郡多古町）の道光や中村平六次郎の息女である尾寺刑部太郎の妻女が亡くなった際、地域の僧衆を差し置いて日有が導師を行うという非道な仕打ちを詳細に書き留めている。

この道光や中村氏は郷村の侍層に違いない。その家の葬送に、日蓮宗は深く関与しているのである。ここに近世の「葬式仏教」への傾斜が見て取れる。のちにみるが、これこそ戦国仏教の一つの有力な武器なのである。

しかし、同じ門流内部でさえ、その権利をめぐる争いが生じていることはどう考えたらよいのだろうか。本寺と末寺の権利や権限が明確に決まっていない、まさに過渡期としての性格を意味するのだろうか。それにしてもその激しさは、まさに競合して地域に入ってゆく彼らの有様をじつによく示している。

百姓のもつ草堂

第八の「謗法」は郷村の百姓に関わるものであり、東国の村の史料としてきわめて注目される内容である。対象はふたたび下総松丸郷である。

松丸郷には草堂と呼ばれる施設があった。本尊は阿弥陀如来であり、また「千葉の妙見座主」（千葉妙見社。千葉市千葉神社）の知行所として松丸郷の百姓が燈明料を払っている堂でもある。日親はここが「百姓の引《ひ》か得《え》たるうちに有ればとて、末寺になさるることは当宗の本意にあらず」とする。つまり百姓が所持している土地に堂があるからといって末寺にすることは「謗法」である、というのである。

これに続けて日親は、日蓮宗に帰依した百姓が、その所持する土地に堂舎を建てることの何が悪いのか、という反論を予想して、次のようにいう。確かに百姓の土地に堂を建てることは「謗法」ではない。問題はもとより他宗の堂であり、また「地主」も当宗の檀那となっていない堂であるのに、ただ百姓が帰依しているからといって本尊を入れ末寺とすることが、「謗法」の堂を守ることになるのだ、とするのである。

この論理はいくつかの点でまことに興味深い。まず「地主」とは妙見座主を指す。さきに武士が「堂主」である場合をみたが、ここでは地域の有力寺社が「地主」となっている。日親にとっては、「地主」や「堂主」が帰依しない限りは、その堂は「謗法の堂」なのである。これは、堂の維持・管理が「堂主」や「地主」の意向を無視しては成り立たなかったことを意味していよう。

しかし見逃してはならないのは、実際には、百姓が自らの責任において、日蓮宗を選択している事実である。堂に結集している百姓らの結合は、「堂主」「地主」の影響を強く受けつつも、主体的な選択をしているのである。

日親は、図らずもこうした百姓らの基盤をいい当てている。「百姓が引か得たらん地」である。「引か得る」とは、中世における事実上の土地所有を意味する言葉である。これは「地主」の下にありながら、百姓らの所有がそのなかに生まれてきている事情を示している。堂がそうした百姓らのもつ土地に建てられていたからこそ、彼らは独自に日蓮宗を選択できたのである。

こうした百姓らの土地所有は、先進地帯の惣村の所有地（惣有地）として確認できるが、後進地帯といわれる東国で確認されたことはいままでなかった。しかし武士や侍のそれと重なりあいながらも、そうした土地所有はあった。それが中山門流の定着する基盤となったのである。

戦国仏教に於ける正統と異端

肥前小城郡への広がり

こうした有様は、東国だけではなく、さらに広がりをもったものだった。

日親は東国の有様に加えて、肥前小城の情景も活写している。肥前小城郡は鎌倉から南北朝時代に下総より土着した千葉氏が拠点としていたところで、日親にとっても有力な信徒となるはずであった。

しかしその千葉胤鎮《たねしげ》も、日親には「謗法者」だったのである。

第九の「謗法」で、日親は千葉胤鎮の信仰の有様や領内の祭礼の様子を直接非難することで、その「謗法」を糺《ただ》さんとしている。

そこでは、他宗の社家を建て、神祇や祭礼は奉公する家臣らの所帯にかけて奔走させ、武士から地下に至るまで「謗法」を扶持していると、胤鎮の家中が非難されている。神祇や祭礼は本来の鎌倉仏教では排除すべき対象だが、ここでは日蓮宗信仰と同居している。家臣らは、千葉胤鎮に倣《なら》い自らの所領でそれらに資財を与えて積極的に庇護しているという。

また『埴谷抄』によれば、小城の清水谷の本尊は観世音菩薩、自在寺《じざいじ》の本尊は薬師如来、古屋形の堂の本尊も薬師如来と、日蓮宗以外の本尊が安置されていることがわかり、日親が非難している。こうしたことを、千葉胤鎮を筆頭に、千葉氏の家臣らから地下（庶民）に至るまで許容している、というのである。

日親の目に映った肥前小城郡も、基本的には東国と何ら異なるところはない、といわねばならない。

日親、海道をゆく

ここで日親の行動力の源泉について考えてみよう。第2章でふれたように、肥前と東国は鎌倉時代は確かに緊密に結ばれていた。しかしその基盤となった千葉氏の交流は、下総から肥前に土着して肥前千葉氏の基礎を固めた千葉胤泰《たねやす》が、十五世紀の初頭の応永一七年（一四一〇）に死去することで、ほぼ断絶する。

胤泰の弟で東国に残った胤継《たねつぐ》はすでに正平二〇年（一三六五）に早世しており、世代的にも齟齬が生じていたのだろう。

しかし一般的にいえば、この時期、列島を縦横に移動していた武士たちは、それぞれ拠点と定めた地域で支配の充実をめざすようになり、前代のような遠隔地相互の交流は基本的には行われなくなる。

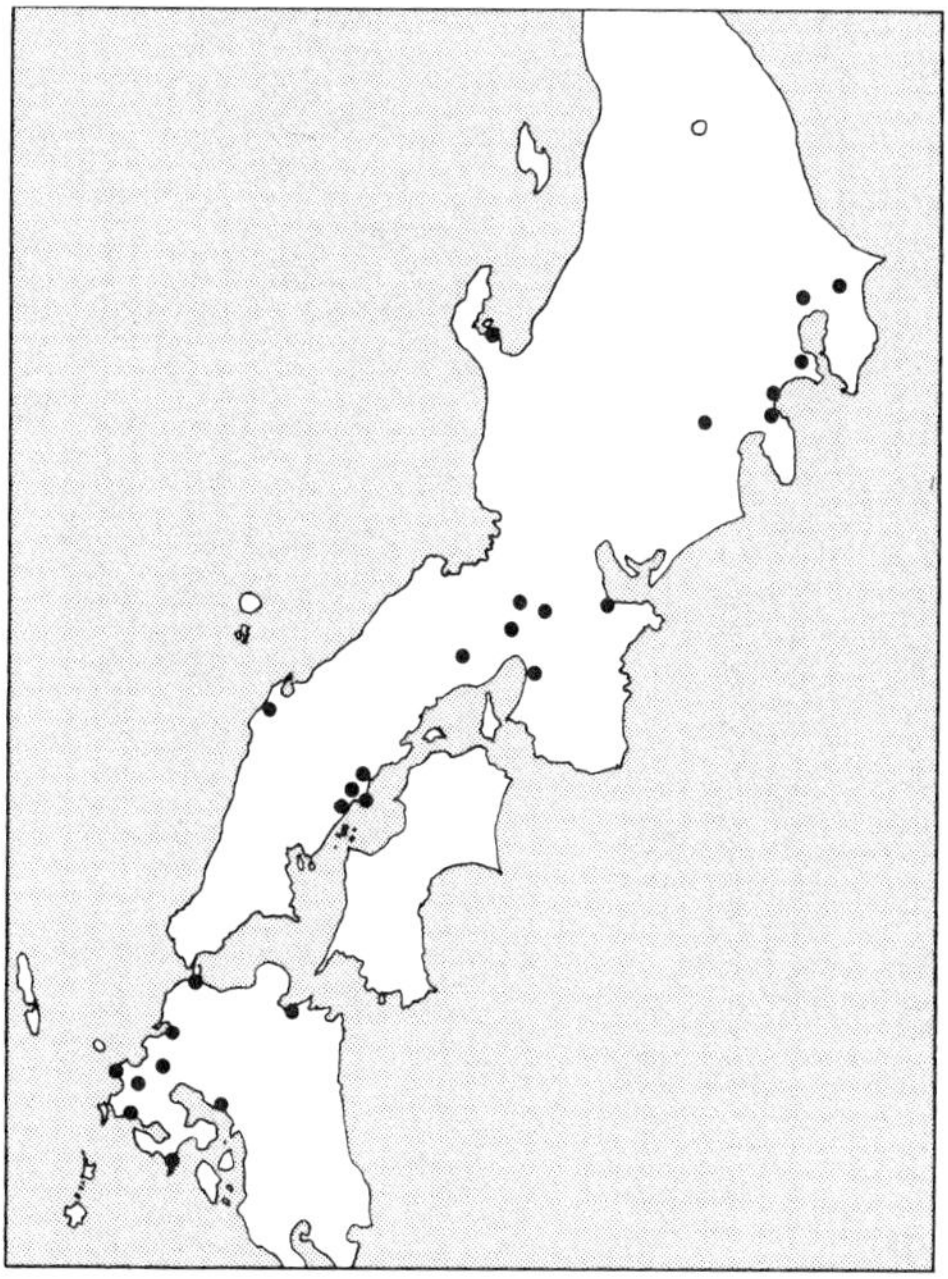
日親の足跡（『週刊朝日百科　仏教を歩く24』所収の図を改変）

それに比べ、門流の交流はその後も継続してゆくのである。それはなぜか。布教という情熱がそれを支えていたことはもちろんだが、門流の拠点となる寺院が、列島の要所要所に配置されていたからこそ、それが可能となったのである。

そうした遺産として日親が受け継いだものは、さきにみた師の日英の譲状のなかにあらわれている。鎌倉に妙隆寺、京に妙法寺が建立され、そしてその間の「海道（東海道）」に設けられた「諸末寺」の存在である。

「諸末寺」の実態は知りようがなく、またそれらがどの程度機能したのかは推測するしかないが、旅宿として、あるいは情報の拠点として、そして新たな布教の起点としての機能を発揮したことはまずまちがいない。

晩年に述べるところによると、日親は三〇余の寺院を建立したというが、ちなみに日親所縁の寺院の分布図を掲げておく。これを眺めれば、それが日親の軌跡そのものと多くが重なることが一目瞭然である。東海道に沿って京へ至りそこから山陽・山陰、そして九州へと末寺・所縁の寺院が分布していることを確かめることができる。

京・西国・九州

日有による破門以後の日親の後半生は京から西国・九州を主な舞台とする。永享一一年（一四三九）、将軍足利義教への「仏法の訴訟（諫暁《かんぎょう》）」を行い、また翌年、二度目の訴訟を準備するなかで、日有の訴えにより幕府に捕縛され、獄舎につながれ、拷問を受けた。これがのちに焼けた鍋《なべ》をかぶせられたり、火あぶりにあったという「鍋かぶり日親」として伝説化する。

しかし日親は京の下京の商業地区に「弘通所」を構え、積極的に布教を開始する。やがて本阿弥《ほんあみ》家をはじめとする京の町衆や幕府の奉公衆などを中心にして、その教えが浸透してゆく。そして長禄四年（一四六〇）以前に本法寺を開創するのである。

一方でこの時期、京のみならず、西国・九州各地でも布教を行うが、その顚末は残念ながらあまり明らかではない。『埴谷抄』には、上洛を遂げた二一歳から五〇歳頃に至るまで、六六度の「対決」を遂げ折伏を行ったといい、但馬では厳書記という念仏者の讒言《ざんげん》により、山名持豊《やまなもちとよ》から国中追放を受け、ひどい迫害を受けたことなどが記されているにすぎない。

しかし九州での日親の活躍はめざましいものがあり、それがかえって幕府の逆鱗《げきりん》にふれたらしい。寛正元年（一四六〇）、幕府は九州にいた日親を罪科に処すことにし、本法寺を破却し、肥前の千葉氏に日親を連行することを命じた。

しかし千葉氏からその返事が来たのは一年半後で、さらに九ヶ月たった寛正三年一一月にようやく京に着いた。その理由を千葉氏は、上洛の途中で人が皆、日親に渇仰帰依《かつごうきえ》して路を遮ったことにより遅滞したと述べたという。

この時も日親は禁獄されたが、その獄中で本阿弥清信《きよのぶ》が入信している。また文明二年（一四七〇）、豊後国に滞在中、上総の埴谷平次左衛門からの書状を受け取り、『埴谷抄』を送り返している。

このように、肥前千葉氏、上総の埴谷氏といった所縁のある武士たちが日親と「交流」している。しかしよく観察してみると、むしろ日親の存在が、各地の武士と門流を結びつけている、というのが現実であったことがわかる。その意味でやはり室町期の武士たち自身による地域間の交流はあまり活発であるとはいえないのである。逆にいえば、日親や門流の縁は当時、それだけ各地を結ぶ貴重な紐《ちゆう》帯《たい》となっていたのである。

正統と異端

さて、こうした日親の果敢で縦横な行動が提起するのは、戦国仏教における正統と異端の問題である。

日蓮以後、六老僧に代表される弟子たち以来、くすぶっていた布教の方向性の相違が、日親の出現と行動によって、門流の方向性の違いとして鋭く表面化したのである。

日有のとる現世主義への傾斜や妥協と、日親の信奉する日蓮以来の法華経至上主義の対立である。日親の立場は日有が主張し続けた他神・他仏への崇拝や供養を真っ向から排除するものである。

日親は日蓮からの法水の流れが日常―日祐などを経て自分にあることを主張する。これが日親の正統としての立場である。この立場からは日有が異端であることはもちろんである。

日親は、現世主義が一般的な風潮となる室町期にあって、仏法の至上性を確立した人物であると評価されている。

日親の立場は、日蓮宗僧は法華経の信者以外の者の供養を受けない「不受」、信者は日蓮宗以外の僧侶には供養しないという「不施」という「不受不施」論である。彼以前にも、一定の「不受不施」論を展開していた日什や日隆といった僧侶は存在した。しかしそれは王侯への供養を受容する点で不徹底さを残すものであった。この点で、日親の立場は徹底した「不受不施」論の端緒とされるのである。

しかし、その後の中世日蓮教団（門流）においては、「不受不施」論と「受不施」論の深刻な対立が存在した。やがて豊臣秀吉や徳川家康の統一政権が成立すると、京の妙覚寺の日奥《にちおう》を中心とした不受不施派が成立し、折からの秀吉による大仏千僧供養会《せんそうくようえ》への出仕をめぐって受不施派と激しい争論を繰り返すことになる（大坂対論・身池《しんち》対論など）。

江戸時代になると不受不施派は禁止される。その公許が出るのは明治九年（一八七六）のことである。もちろん日奥は日親と同様、自らを日蓮以来の正統と位置づけるが、江戸時代にはそれこそが「異端」とされたのである。それは日有的な布教のあり方が、その後広がりをみせたことの結果である。したがって受不施派の流れが、自ら正統を主張する根拠もそれなりにあるといえる。

大一揆と小一揆のからみあい

しかし、結果論的な物いいになるが、戦国仏教への展開を検討してみると、こうした二つの論理をもっていたことが、じつは日蓮宗が広範に広がる原動力になっていた、とみることも可能ではないだろうか。第一の「謗法」でみたように、この二つの論理は、中世の人と人のつながりが意味する論理としてみた場合、それほど隔たりはないのである。

人と人の強い結びつきを意味する一揆とは、個人がその立場を越えて多くの人々と共同するために結ばれる。しかし一揆は単独で存在するわけではなく、大小多くの一揆が存在する。その多くの一揆が織りなす矛盾や共存、そして重なりあいこそが、いわば中世社会の実態なのである。

たとえば南北朝期、九州の五島列島の武士たちは親族が複雑に入り乱れて住んでおり、規模の異なるさまざまな一揆を結んでいた。それらの一揆は時に重なりあいつつ、時に軍事目的などで大きな一揆を結ぶ場合があった。一揆がさらに大きな結合を創り出すためには、矛盾の解消も重要だが、異なる目的のもとに大同団結することも必要であったのである。

そこでは完全な同一化は必要とされない。異なる存在と連携をとることも一揆の一つのあり方なのである。さきにふれた国人《こくじん》（在地領主）が土豪や村々の一揆を含みこんで惣国一揆を形成することも、じつはそうした運動の一つである。

また最近、真宗（一向宗）の一揆である「一向一揆」も、さまざまな階層や必ずしも一向宗門徒ばかりではない人々を広く糾合したものだったことが指摘されている。日蓮宗の場合も、そうした鷹揚な面と純粋な面の両面をもって、組織が多様に発展していった側面が確かにあるように思われるのである。ここではその有様を大一揆と小一揆のからみあい、という言葉で表現しておきたい。

第5章　西と東の日蓮宗

京の日蓮宗と大一揆の成立

京の門流と有徳の思想

一五世紀の後半は、日蓮宗が列島東西の各地に本格的に根をおろす時代である。本章と次章ではその有様を追いかけたいが、まず京の門流の動向についてみよう。日親が京に進出した頃は、京における日蓮宗の各門流がひときわ活発に活動しはじめた時期にあたるからである。

嘉吉年間（一四四一〜四四）、日親は京に五八箇寺の日蓮宗寺院があったという（『伝燈抄』）。これには誇張があるとしても、日像による妙顕寺（四条門流）の建立に続き、日静による本国寺（六条門流）、妙顕寺から退出した日実・日成らによる妙覚寺、日什による妙満寺、日陣による本禅寺、日隆による本応寺（のちの本能寺）などの大寺が次々に建立されていった。

日親も長禄四年（一四六〇）以前に本法寺を建立し、さらに中山門流の日祝により頂妙寺が建立される。京は応仁・文明の乱で荒廃するが、日蓮宗寺院はすぐに復興され、天文《てんぶん》年間（一五三二〜五五）

の法華一揆（天文法華の乱）へと向かってゆく。

こうした発展の背景には、有力な町衆らの日蓮宗への帰依があった。妙顕寺の大檀那である町衆柳酒屋《やなぎのさかや》、本応（能）寺日隆に帰依した六角室町《ろっかくむろまち》の小袖屋宗句、そして本法寺の大檀那である狩野叡《かのうえい》昌《しょう》・本阿弥清信、妙覚寺の後藤祐乗《ごとうゆうじょう》などである。柳酒屋は、応永二〇年（一四一三）に妙顕寺が山徒（山門の衆徒）により破壊された時、その復興に一千貫もの資金を負担したという。彼らは京の有徳人だったのである。多くの日蓮宗寺院が京の商工業者が集住する下京に建立されたのも、有徳人と日蓮宗のつながりを物語っていよう。

そこには富の追求の思想が確実に根付いていた。この時期の京の日蓮宗寺院は、金融業として祠堂《しどう》銭《せん》の貸し出しを広く行っていたが、慶長《けいちょう》一〇年（一六〇五）、妙覚寺の日奥は、「来年から自分の持ち分の銀八目以外は、日蓮聖人へ進上せよ。（それをもとでに）人に貸すならば一割の利子を取り聖人へ戻すように」（『万代亀鏡録《ばんだいききょうろく》』）と定めている。つまり当時は日蓮の名のもとに祠堂銭が集められ、金融に廻され、回収されていたのである。

日蓮自身も、「金と申すもの国主も財とし、民も財とす。たとへば米のごとし、一切衆生のいのちなり。ぜに又かくのごとし」（『上野殿御返事』）と、金銭のもつ魅力をなかば肯定しているが、室町期の京でそれが花を開いていたのである。

教学の発展と門流の争い

京で各門流の寺院が発展すると、いくつかの問題がクローズアップされた。まず法華経を依経《えきょう》とする日蓮宗が、他宗と異なりいかにすぐれているかを明らかにする教学の発展がある。これは各門流による独自の学室や談所という教育施設の開設をともなっていた。しかしこのことは同時に、各門流のあいだで互いに正統を主張しあう争いにつながっていった。その大きな問題が「本迹《ほんじゃく》問題」といわれるものである。

これは各門流が依拠する法華経の前半の「迹門」と後半「本門」をめぐって、その一致を説く「本迹一致」派と、「本門」の優越を説く「本迹勝劣」派の争いであり、この時代にもっとも激しく繰り広げられた教学論争であった。

また、不受不施の問題についても繰り返し問題になっていた。もともと京は天皇や将軍が住む都市であるから、こうした権威・権力と布教の問題が常に問題となるのは必至だった。

日成らは応永二〇年（一四一三）、妙覚寺の法式（法度）を定め、社寺の参詣や謗法供養の禁止を定めている。また日隆も宝徳《ほうとく》三年（一四五一）、本能寺などの門徒に法度を定めている。だがこれらは明らかに公武の権力への祈願を規制の外においており、その点で不徹底さを残すものだった（王侯除外の不受不施制）。これに対しての反省運動を展開し、真の意味での不受不施義を主張し完成させたのが日親であったことは、すでにふれたところである。

寛正の盟約＝大一揆の成立

こうした争いをひとまず終息させた事件が持ち上がる。いわゆる寛正《かんしょう》の盟約という門流の大同団結が成立したのである。

ことの発端は、妙覚寺の日住が寛正六年（一四六五）に将軍足利義政《よしまさ》に法門訴訟を行ったことが山門を刺激し、叡山大衆が閉籠《へいろう》して洛中の日蓮宗諸寺院の破却を要求したことにある。

山門は当時京畿における顕密仏教の牙城《がじょう》として君臨しており、しばしば日蓮宗を他宗との融和を欠いた存在として弾圧していたのである。

日住らはすぐに三条猪熊《いのくま》の本覚寺《ほんがくじ》に主だった僧侶を集め、善後策を考慮し、室町幕府の別奉行の山門を担当する布施貞基《ふせさだもと》、熱心な日蓮宗の信者であった侍所頭人京極持清《きょうごくもちきよ》らの取りなしによってこれを回避することができた。

こうした行動がきっかけとなって、かねてより交渉を重ねていた諸寺は「一宗和睦《わぼく》」「法理一味」を標榜して、「大旨一味同心」に至り、翌寛正七年二月一六日、日蓮の誕生と伝えられる日を選び盟約を結ぶに至ったのである。

その内容は六ヶ条にわたる契約状として残されているが、そこにはさきの「本迹」問題についても、日蓮以来これを一体とみるが、場合により勝劣ありとしたり、王侯除外制をとるにしても、折伏主義と不受不施が強く押し出されているなど、大同団結的な性格が顕著である。これはいわば山門の脅威という外圧が契機となって、各門流が結んだ大一揆に他ならないのである。ただ、徹底した不受不施を標榜する日親はこの盟約には加わっていない点がいかにも味噌であるが。

じつは興味深いことに、山門は日蓮宗の攻撃に先立って、本願寺も追却《ついきゃく》しているのである。寛正六年の正月、山門西院勅願不断経衆の決定により、犬神人《いぬじにん》・公人が本願寺に押し寄せ、蓮如《れんにょ》は近江堅田に避難している（寛正の法難）。この時本願寺の門徒が防戦しており、これが史上初の一向一揆とされる。同じく日蓮宗門徒も、この時にはじめて山門勢力に対して防戦を行った。これがのちに「日蓮党」「法華衆」といわれる武装集団のはじまりである。そしてこの時点を、日蓮宗や本願寺らが「戦国仏教」化する端緒とする説も近年提起されている。

これは本書の立場からも重要な事態である。ここに教義や思想の立場を越えて形成された大一揆が成立したとみることができるからである。こうした一揆の広がりに、戦国仏教の一つの達成があることはまちがいない。

京の飢饉・災害と日蓮宗

ところで、この時代が気候不順と飢饉に満ちた時代であったことはいくどもふれているが、京はそのなかでも特有の危機を抱えていた。「応永の飢饉」や応仁・文明の乱の戦乱により、飢えた人々が京に流入し、さらに飢えや災害を助長するという都市に特有の飢饉に見舞われていたのである。

そのなかにあって、時宗や五山の禅僧らは施行《せぎょう》や施餓鬼《せがき》といって食料の炊き出しを行ったり、死者の額に梵字《ぼんじ》を書き込み供養するなど、慈善救済を行っていた。しかし日蓮宗僧の場合、こうした行動はいまのところ確認できない。やはり彼らは足利将軍への諫暁を行うのが常であったのである。

たとえば妙覚寺の日住は、文安《ぶんあん》元年（一四四四）に申状を捧げて諫暁を行ったが、この年は諸記録に京が地震に襲われたことが記されている。まさにその年に日住は行動を起こしたのである。さらに宝徳元年（一四四九）にも京では長雨の後に疫病が流行し、洪水やさらには大地震が起こり、余震が断続的に長く続いた。この年も日住はやはり法華流通の大瑞《だいずい》として諸宗との対論を願って上訴している。

そして有名な寛正二年（一四六一）の大飢饉を経た同六年、足利義政に諫暁を行っていることはさきに述べた。こうした日住の行動は、飢饉や災害を日蓮宗僧がどう認識していたかを示す好例といえるが、その行動は日蓮以来の為政者への法華経護持の要請という、伝統的な様式を抜け出すことができないものだったことに、ここで留意しておきたい。

法華一揆への道

寛正の盟約＝大一揆の成立以後、日蓮宗の武装化はよりいっそう進んだ。一つには応仁・文明の乱をはさんで自衛のための武装が顕著になったことがあげられるが、険悪な社会情勢のもと、諫暁・折伏のためには武力行使も辞さない姿勢のあらわれでもあった。この時期の各寺院の法度に、武具や刀杖の携帯を肯定する文言が頻繁にあらわれることにそれは示されている。

そして一六世紀の大永《たいえい》・享禄《きょうろく》（一五二一〜三二）頃を迎えると、日蓮宗は畿内の武家権力の確執とからむようになり、折から勢いを増していた一向一揆と並ぶ一つの社会勢力と化すのである。細川晴元《ほそかわはるもと》の家臣三好元長《みよしもとなが》は熱心な日蓮宗門徒であり、主君晴元とともに将軍足利義晴《よしはる》・細川高国《たかくに》と対立していた。大永七年、山城の桂《かつら》川で両者の戦いがあり、義晴らは近江朽木《くつき》（現高島市）に逃れた。この際、門徒・僧侶らは元長と柳本賢治《やなぎもとかたはる》とともに戦争に参加している。やがて細川晴元と三好元長のあいだにも齟齬が生まれた。享禄五年（一五三二）六月、晴元は本願寺・一向一揆と結んで堺の元長を攻め殺した。この時、日蓮宗は一向一揆と戦ったのである。

すると晴元は一向宗が邪魔になり、今度は日蓮宗と組んで一向宗と戦う。天文元年（七月に享禄から改元）八月二四日、ついに晴元と六角定頼《ろっかくさだより》、そして日蓮宗門徒が合力して山科の本願寺を陥落させるに至るのである。

この天文元年の八月は、日蓮宗門徒の行動がもっとも活発化した時期であり、法華一揆が成立した時期だとされる。この時期、法華一揆はしきりと京内外で「打《う》ち廻《まわ》り」と称された示威行進を行い、一向宗門徒と各地で小競り合いを繰り返している。また一揆は京の町の税である地子銭の不払い運動を通じて反権力の性格を鮮明にしていった。

天文法華の乱

こうした動向は、かねてより日蓮宗の動向を苦々しく思っていた山門を刺激した。

天文五年（一五三六）、下総茂原の日蓮宗門徒松本新左衛門尉が山門西塔北尾の華王房と交わした問答（松本問答）に勝利を収めたのをきっかけとして山門の怒りは爆発する。

山門は集会を開き日蓮宗を洛中から追放することを決議し、同時に東寺・東大寺、興福寺などに援軍を求めた。六角定頼や木沢長政《きざわながまさ》が両者の仲裁をすすめたが成立せず、業を煮やした六角氏は山門に荷担して法華討伐に出陣している。

戦いは七月に行われ、山門らの勢と洛中の日蓮宗二一本山はついに激突した。当初戦線は膠着《こうちゃく》したが、六角勢が洛中に乱入、諸所に放火したことで決着した。この結果、日蓮宗の拠点であった下京は悉《ことごと》く焼失し、上京も三分の一が焼け、本山二一寺がすべて没落炎上したという。この敗北により、法華一揆という武装蜂起は事実上終息をみた。

結局、山門の憎悪以上に、最後に六角氏の介入により乱が終息をみたことは、武家権力が法華一揆の殲滅《せんめつ》を願ったことを意味している。もちろん法華一揆に民衆運動としての戦国仏教の一つの頂点をみることは可能である。だが、武装した社会集団として武家権力と対峙《たいじ》したことにより、かえってその勢力が敵視され、壊滅させられる大きな要因となったことは、この一揆の本質を示しており興味深い。

荒廃からの復興

しかし、天文法華の乱での敗北は、日蓮宗勢力の壊滅をすぐには意味しなかった。

乱の直後から、堺に避難していた洛中の本山は、京への還住を願って幕府と交渉に入った。粘り強い交渉と、本山が有していた公家とのコネクションにより、天文一六年（一五四七）には還住を許されることになった。

そしてこの間、各本山寺院の復興が進められるなかで、教団の保全方法としてたどり着いた一つの形が、永禄《えいろく》八年（一五六五）に諸寺院が会合として結合することであった。

最近、京都の頂妙寺において発見された『十六本山会合用書類《じゅうろくほんざんかいごう》』という文書群がある。この文書群は、復興後の一六本山の結合体の運営に関する共有文書である。その最古のものが、この永禄八年の年次をもつ会計書類なのである。つまりこの場合の会合とは、従来の個別の門流や寺院の利害を越えて日蓮宗として消費すべき共有財政をもつ高度な組織であったのである。

そしてその財政の内容とは、将軍義輝《よしてる》の暗殺直後に対立する恐れのあった三好三人衆の一人三好長《なが》逸《ゆき》と六角義賢《よしかた》の双方への均分な音信《いんしん》（礼物）などをはじめとして、諸方面への音信、礼銭・礼物などに消費されていた。つまり、この会合は、武力による軍事介入ではなく、贈与を介した諸勢力との政治的均衡をめざした、高度な政治的結合体であったのである。

さらにこの結合の成立の前提として、永禄七年に各門流のあいだで結ばれた「永禄の規約」という信仰上の取り決めがある。これは、寛正二年の盟約同様、いわゆる勝劣問題に関する大同団結だが。じつは最近、これが単に京の本山のあいだで締結されたものではなく、東国の上総における戦国大名酒井氏の領国内で起こった宗論問題に端を発し、畿内大名の雄松永久秀《まつながひさひで》の斡旋により成立したものであることが明らかにされている。

この事実を踏まえれば、当時の京の門流寺院と東国の寺院には密接な交渉があり、その相互作用と、戦国大名らの宗教を統制したり利用しようとする思惑もからんで、日蓮宗の信仰上の団結がはかられたという注目すべき事態が明らかになる。

つまり、永禄年間の門流の団結は、かなり高度な、奥行きの深い結合であったのである。その意味で、法華一揆という武装蜂起に劣らず、こうした自治的結合――高度な政治的力をもった一揆、といい換えてもよい――の成立こそ、戦国仏教としての日蓮宗の一つの到達点として評価すべきであろう。

「合議と専制」の時代と仏教

西国の日蓮宗の発展

ところで、室町時代の後半、西国の日蓮宗の有力寺院は、京、堺、尼崎、牛窓《うしまど》（現岡山県瀬戸内市）、鞆《とも》（現広島県福山市）、尾道《おのみち》、宇多津《うたづ》（現香川県綾歌《あやうた》郡宇多津町）、博多、種子島《たねがしま》など、瀬戸内海から九州にかけての主要な港湾都市に集中しており、僧侶らの布教も、これらを結んだ内海航路を利用して行われていた。

これは東国の門流でも例外ではなく、安房の妙本寺や下総の中山法華経寺の教線も、このルートに乗って東西に結ばれていたことは前にふれた。

この各地域にはそれぞれ寺院が建立され、日蓮宗が扶植されたことはまちがいない。しかし注意しなければならないのは、これらの地域に京で起こったような反権力運動としての一揆の蜂起があったわけではない点である。

むしろ目立つのは、大名との結びつきである。備前では松田氏、尾張の織田氏、土佐の細川氏などをはじめ、さきにみた阿波三好氏など枚挙にいとまがない。これは東国も例外でなく、さきの上総酒井氏、下総原氏、武蔵上田氏なども日蓮宗に帰依していた。これらの事実は、京の反権力運動である法華一揆と好対照をみせている。一見、あい異なるこの動向をどのように理解したらよいのだろうか。

普通、よくいわれるのは、日蓮宗信仰のもつ排他性が、内に向くと強い紐帯となる、ということや、京では中央の権力との折衝上、王侯をそこから除外するなど、妥協面が強いのに対し、地方では強義《ごうぎ》な折伏が行われ不受不施が一般的であり、地方大名の意向に沿って領民が「皆法華《かいほっけ》」に帰依する、というような説明である。

しかし東国においても妥協的な布教は存在するし、逆に京でも不受不施の教義は根強いものがある。したがってこの説明はあまり説得的ではない。

むしろこの二つの動向も、もとをたどれば、前章の、日親と日有との争いでみた信仰を広める際の二つの道（方法）に起因するように思える。

日親的な布教は、村の側が信仰に帰依しても、檀那である地主や領主が謗法者ならばこれを認めない。しかし日有的な布教は、たとえ檀那が帰依せずとも、百姓のみの帰依を認め、また謗法者であってもその安堵や寄進を受けることを躊躇しない。

これを敷衍してゆけば、大名たる権力者と全領民が信仰に帰依する段階と、領主らを排除して村や一揆のみが信仰に帰依する状態が両極に存在することになるだろう。そうした多様な有様が、室町時代の日蓮宗の現実の姿としてあらわれていた、と考えることができるのではないだろうか。

合議と専制

ただ、各地に日蓮宗が展開する場合、大名など権力との関係も含めて、何か地域なりの特徴や、性格を認めることはできないのだろうか。以下では一つの試みとして、寺院の組織と支配権力との関係を合議と専制という視点から検討してみることにしよう。

まず、合議と専制とは何だろうか。合議とはすなわち一揆のヨコの関係であり、専制とは支配する権力のタテの力、ととりあえずはしておこう。

従来から日本史では、専制の典型である大名権力が形成される道として、領主たちの取り結ぶ平等な一揆が解体し、専制的な大名の権力が成立するという説がある。たとえば安芸の戦国大名毛利氏は、かつては近隣の国人領主たちと一揆的なヨコの連合を作っていたが、やがてその盟主となり、有力家臣を成敗してかつての同輩を従えた専制的な戦国大名となる。

したがって一揆というヨコの結合は、専制的な大名の権力とは相容れないものと位置づけられていた。しかし近年、一揆と専制権力が必ずしも矛盾しない面をもつことが論じられるようになってきた。一揆といっても権威や権力を推戴する場合もままあるし、大名権力であっても、その家中に家臣たちの一揆的な構造が組み込まれている場合があるのである。

つまり専制的な権力とは、合議を経ることによりその力を認められたことになり、また逆に、合議が専制的な君主の意志をある意味で掣肘することにもつながる。合議と専制とはお互いに排除しあうばかりではなく、その距離は意外にも近しいものがある、というのである。

たとえば永禄一〇年（一五六七）、近江の戦国大名六角氏は分国法《ぶんこくほう》である『六角氏式目』を制定するが、じつはこの法典を起草したのは、六角氏の重臣らであった。それを当主である六角氏が認める形で法典が発布されているのである。

この法典の末尾には「鬮次第《くじしだい》」（順不同）とされた重臣たち二〇余名の署名が並んでおり、それは家臣らの「一揆」と呼ぶことができる。そして六角の当主である承禎《じょうてい》（義賢《よしかた》）・義治《よしはる》親子と、家臣らは相互に起請文を取り交わしている。

つまり六角氏の大名権力は、家臣らの一揆に支えられ、かつ同時にその掣肘を受けている。そのことを双方が起請文により神に誓約するという形をとっているのである。

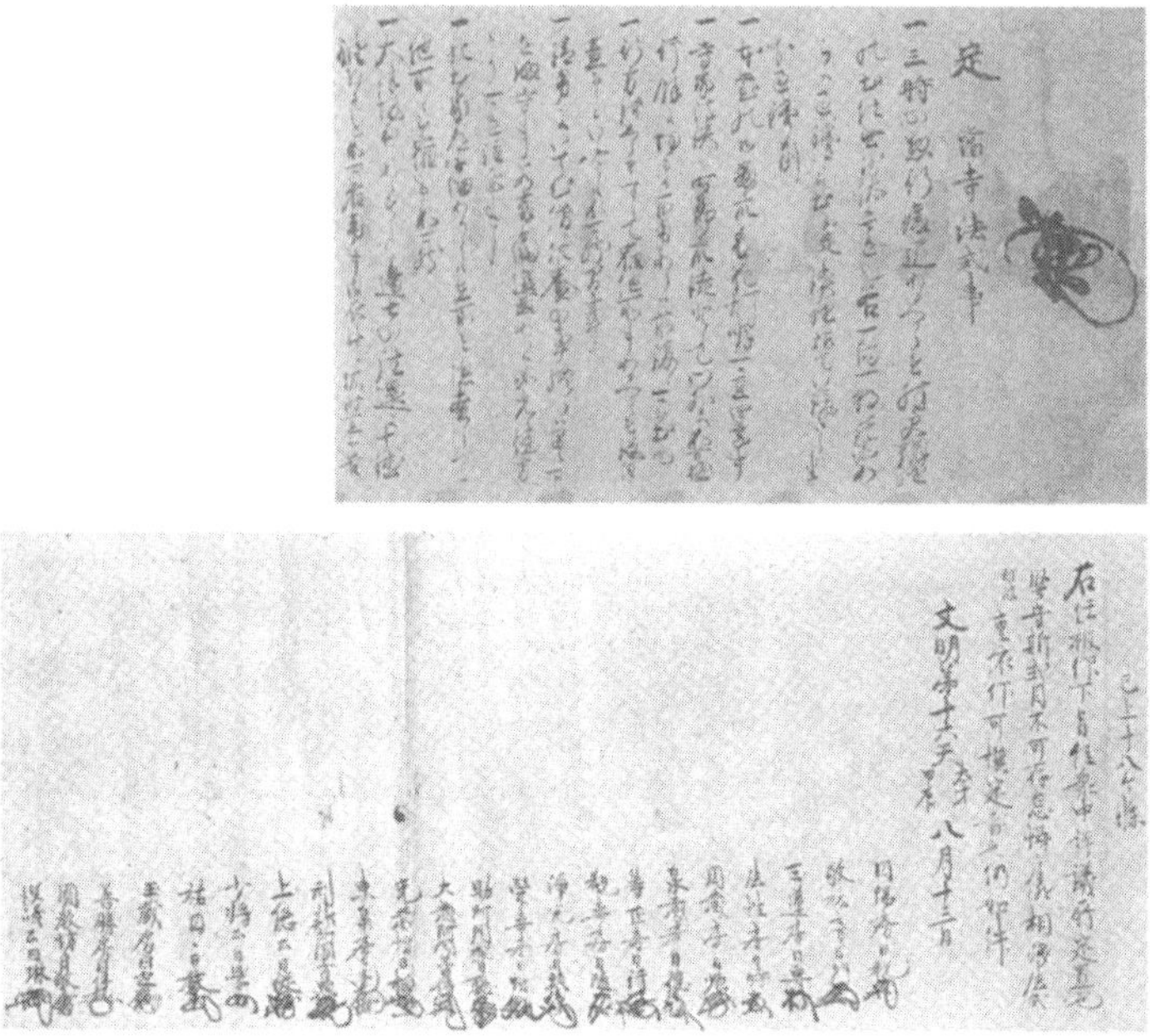

本法寺の寺院法　巻首（上）および巻末（下）（本法寺蔵）

本法寺の寺院法

こうした関係について、日蓮宗教団の問題を考察する場合、手掛かりになるのは、各寺院で作成された法度・掟・置文《おきぶみ》・規式《きしき》などと称される寺院法である。

まず京の本法寺の文明一六年（一四八四）のものを参照しよう。上に示したものである。

本法寺は日親が建立した寺院で、この法式は一八条にわたる条文がある。その内容は寺院内部の規律を事細かに記したものとして興味深いが、末尾をみると、この条々が日親により「仰せ下された」ものであり、それが「衆中の評議」を経て「定め置かれた」ものであることがわかる。

つまりこれはカリスマとして日親が定め、それを「衆中」が承認して制定されたものなのである。さきの『六角氏式目』と原理的に等しく、ここにも合議と専制の関係が成立している、ということができよう。

そして日親と「衆中」との関係は、この掟の形式に如実にあらわれている。日親は文書の袖の部分にひときわ大きく自らの花押《かおう》を据《す》えている。これに対して二〇数名の「衆中」僧侶たちは文書の奥の部分にそれぞれ署判（署名と花押）を加えている。この形式は、本文書がいかにして作成されたのかを何よりも雄弁に物語っているのである。

「衆中」とされた僧侶たちのそれぞれの立場はわからないが、彼らが日親のもとに集い、京の本法寺の運営に携わる人々であることはまちがいない。日親の求心力やカリスマ性を考えた時、のちにふれるように彼個人の名においてこうした法式が制定されたとしても何ら不思議はない。

にもかかわらず、こうした関係が成立しているのは、「衆中」という僧侶たちの集団＝一揆的な結合の原理が強く働き、日親の個性を補佐あるいは掣肘していたからである、としてよいだろう。これを京や西国といった一揆の原理が強い地域に成立した寺院運営の一つのあり方としても、あながち誤りではないと思う。

寺院法の形

しかし京や西国のすべての寺院法式がこの形式であるわけではもちろんない。一つの原理で一つの地域なり社会の体質を把握できると私も考えているわけではない。そこで、できる限り関連する事例を踏まえて、日蓮宗教団の実態に言及してみることにしよう。

寺院法は、すでに中世の成立当初から各地の寺院に残されており、特に室町期以後はかなり大量に存在している。そのなかには日蓮宗寺院のものも相当数含まれている。

たくさんの「寺社法」を収録している『中世法制史料集』第六巻や各種の史料集を利用してそれらを通覧した結果、以下のような五つのタイプに分類することができると思われる。

①カリスマ的な僧侶が個人で作成したもの。
②カリスマ的な僧侶の規範を衆議で決定したもの。
③僧侶や在家人の衆議によるもの。
④寺院の規範を武家が認めた形をとるもの。
⑤武家が寺院に対して内部規範を単独で認めたもの。

法式の内容は、寺内部での宗教的な規範や行事をめぐるさまざまな取り決めや禁制、または寺の構成員（主に寺僧と在家の衆徒）らの和合を意図したもの、そして寺の外部の勢力（権力）との関係を定めたものなど多様だが、ここでは制定の主体からあえて大ざっぱに分類してみた。

①②が寺院内部の寺僧らによる独自な制定とすれば、③〜⑤は、寺に関わる武家や有力者が檀那やあるいは権力を行使する支配者として、制定に関与したものとすることができる。特に③〜⑤は、この俗人がいかなる立場で寺に関わっているかがその寺院の性格を反映しており重要であろう。

大檀那による氏寺への規範の制定は⑤に相当し、③は檀那による集団的な関与となり、寺院が彼らの連合の核となるような状況が想定できる。また寺院の支配者である場合は、信仰とも関わり、日蓮宗の不受不施論などでは大きな問題が発生することになることはすでにふれた。

⑤は①〜③の対極にあり、事例も多い。しかし注意したいのは、その場合でも寺の僧・俗の衆議を認定する文言をもつ場合があることである。それが④である。考えてみれば⑤の場合でも、まったく寺側の意向を無視した形で制定することは不可能であるから、⑤と④はあまり違いはないともいえる。また、③は「一味和合」の精神を重んじる僧伽《そうぎや》（サンスクリット語サンガの音写。仏弟子の集団を意味する）たちにとっては基本的なあり方であり、すべての場合の基本に存在するものと理解することができる。

以上からすれば、理念的には①→②→④→⑤という形に系列づけることが可能である。つまり、カリスマ的な力量をもつ僧侶の個人的な制定にはじまり、それを寺院内部の僧侶や在家人が認可あるいは受容する段階、そしてさらに寺家の規範を外部の権力が認可する段階から、外部の権力そのものがこれを制定する段階である。

やや抽象的な記述になってしまったが、ではこうした類型により、どのような寺院の性格が浮かび上がるだろうか。

西と東の寺院法から考える

さきに述べたように、⑤は鎌倉時代から数が多く、室町から戦国期にかけて尻上がりに増えてゆく。これは武士（在地領主）が自らの氏寺に法度を定め、さらに大名権力が成長するにつれて寺院を麾下《きか》に置こうとする傾向を反映している。これはおおむね東国に多い。典型としては鎌倉北条氏の円覚寺、足利氏の鑁阿寺《ばんなじ》（現栃木県足利市）がある。

いうまでもなく彼らは鎌倉幕府の有力武士であり、それぞれは重要な氏寺であった。戦国大名になると今川、北条、武田の各氏はもとより、越前朝倉氏や若狭《わかさ》武田氏などにも確認できる。

これに対して寺院内部の法式は、鎌倉時代には数そのものが必ずしも多くない。そのなかで⑤と並んで出てくるのは①③だが、それもほぼ大和永久寺《やまとえいきゅうじ》（現天理市にあった。廃寺）や河内金剛寺《かわちこんごうじ》（現河内長野市）といった畿内の寺院に限られ、鎌倉時代の東国にはいずれも確認できない。ちなみに東国では室町から戦国期に至っても衆議（②③）によるものは確認されない。衆議による法の制定の欠如を、ひとまず東国的な特質と考えてよいだろう。

そして南北朝期以後、畿内近国や西国に衆議による法式が確認されだすようになる。特に興味深いのは、大和西大寺《さいだいじ》（現奈良市）や山城の青蓮院《しょうれんいん》（現東山区）におそらく②と考えられるものが出現する点である。また、永禄年間（一五五八〜七〇）に近江浅井氏が惣持寺《そうじじ》（現滋賀県長浜市）に出した法度には、檀方と門徒と相談した上での制定であるとする④を意味する文言がある。これらから、この時代の畿内や西国における衆議の優越、という点を指摘できる。これを畿内・西国的な特質と考えることができるだろう。

以上、やや煩瑣《はんさ》になったが、寺院法式の性格から、ヨコの関係を軸にして東国と西国の相違を抽出することができた。しばしば西と東は横型社会と縦型社会などと比較されるが、確かにその側面はあるといえる。しかし前章でもふれたとおり、私は東国にも村やヨコの結合があると考えており、この点は矛盾するのではないか、と考える読者もおられるかもしれない。

しかしそうではなく、あえていえば、東国は優越する個に依存する体質が強く、普段はヨコのつながりが水面下に隠れてしまう傾向が強い、と把握できるものと思う。また、戦国期には大名の介入が進むという共通する面もあり、それはきわだった相違ではなく、あくまでも相対的なものであると考えておくのが妥当なところである。

日蓮宗の寺院法の場合

そこで日蓮宗寺院に話を戻そう。ここまで来てようやくさきの本法寺の法度の位置づけを明らかにすることができるのである。

まず日蓮宗寺院の法式の類だが、いうまでもなく日蓮死後の鎌倉時代後期になり、ようやく寺院が整備されてきたのだから、当然それ以後の残存ということになる。

鎌倉時代末期からの有力各門流の法式をみると、やはり門流を代表する僧侶個人による掟・置文の制定が先行する。富士門流の日興・日郷・日目、中山門流の日常・日高・日祐などが制定している。そして日蓮宗の場合、ほとんどが個人の僧侶によるものであり、全体的にこの傾向が強いといえる。しかし水面下に衆中組織があることが文面から明らかな場合もある。

そのなかでも寺院法の袖に花押を据えるだけの形式は、応永元年（一三九四）の越後本成寺《えちごほんじょうじ》（現新潟県三条市）の日陣や、天正《てんしょう》一三年（一五八五）に上総光福寺《こうふくじ》（現千葉県いすみ市）に与えた鎌倉比企谷妙本寺の日惺《につせい》によるものがある。

わざわざ目立つ場所に花押のみを据える形式は、何よりも強烈な個性の発露とみることができよう。日親の個性もこの延長線上に位置づけられることになるのはもちろんである。

そしてさきにみたように、室町期の京を中心に、衆議による法の制定がみられるようになる。東国では依然として衆議はみられないが、ようやく天正年間（一五七三〜九二）、甲斐国の河口湖畔の常在寺《じょうざいじ》（現山梨県南都留郡富士河口湖町）に「衆中」による法度が出現する。甲斐国は西国的要素と東国的要素が入り交じる地域なのであろう。

そこでそのなかに日親の法式を置いてみると、まさにカリスマである日親と、寺院に結集した僧侶たちの相互の関係が浮かび上がることになる。つまり日蓮宗が畿内・西国的な要素を取り込んで、トップに立つ僧侶を押し上げ、また規制する、という合議と専制の関係がここに位置づけられることになるのである。

また一方、氏寺的な日蓮宗寺院も当然存在する。甲斐から讃岐に西遷した秋山氏は文和二年（一三五三）に置文を書くが、そこには一〇月一三日、つまり日蓮の命日の寄合と供養を一族に命じており、それは氏寺を介してのことであった。

そしてその延長線上に戦国大名が独自に寺院法を制定していることも他の寺院と同様であり、しかも東国にも西国にも存在していることも同じである。

遠江国鷲津《わしづ》の本興寺《ほんこうじ》（現静岡県湖西市）は、永正《えいしょう》年間（一五〇四〜二一）に領主瀬名《せな》氏の書下《かきくだし》が発給され無縁所《むえんじょ》であることが認定される。無縁所とは権力の介入を受けない特権をもつ寺院のことであり、注目されるが、それは永禄年間（一五五八〜七〇）に至っても変化がなく、今川氏真《うじざね》により定書《さだめがき》が発給されて認められている。その際は檀那である鵜殿《うどの》氏が子細を今川氏に言上しており、大名の認可の前提として檀那の意向があることもわかる。

同じ今川氏が安堵している寺院としては沼津の妙海寺《みょうかいじ》や妙覚寺《みょうかくじ》がある。両寺は今川・武田・北条の各戦国大名の境界（境目《さかいめ》）に立地しており、三氏の発給する判物《はんもつ》が諸役の免許や寺主・衆中の権利を認定している。

また関東では下総の原胤栄《たねよし》が法華経寺に、武蔵比企郡の上田氏が東光寺《とうこうじ》（現埼玉県比企郡ときがわ

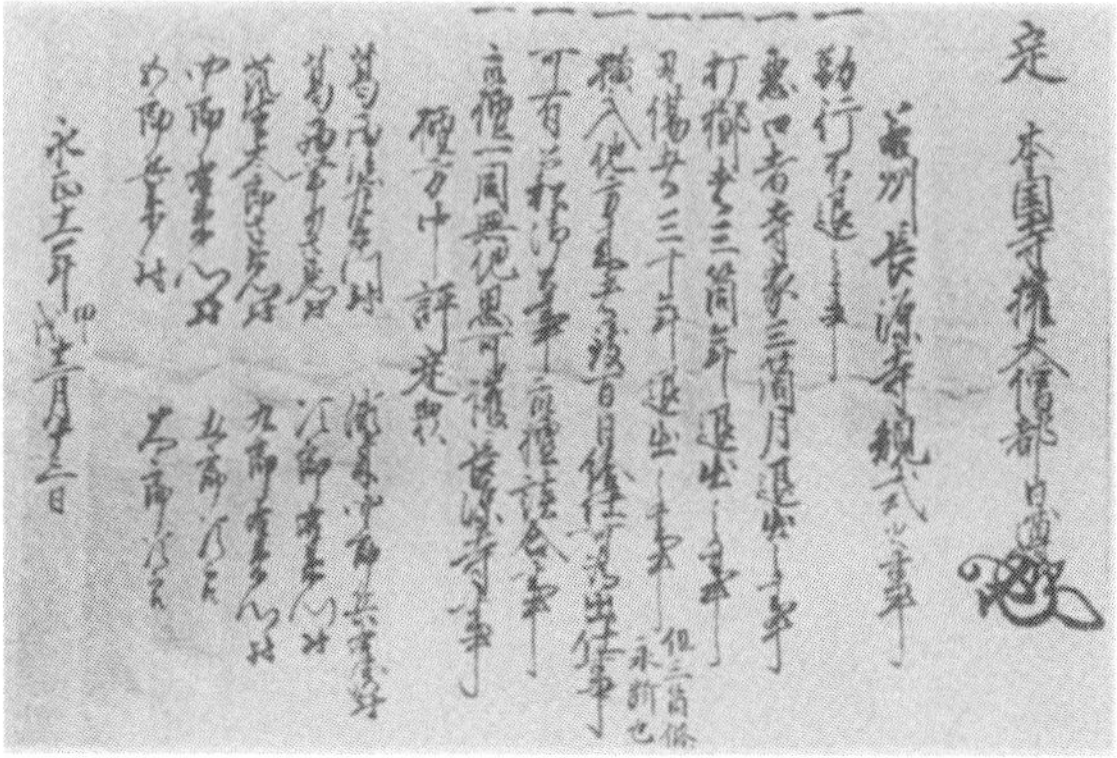

長源寺の寺院法（長源寺蔵）

町）にそれぞれ法度を出している。

以上のような大名による法度の制定は、氏寺の檀那的な立場と日親のようなカリスマ的な僧侶の立場を一体化し、これを取り込むことで寺院へ介入してゆく過程をあらわしている。日蓮宗寺院に限ったことではないが、こうした過程を経て、大名権力と戦国仏教の「癒着」が進んでいったことはまちがいないだろう。

若狭国小浜長源寺

以上のようなあり方を、一つの地方寺院にスポットを当ててさらに検討してみよう。取り上げるのは若狭国小浜《おばま》の長源《ちょうげん》寺《じ》（現福井県小浜市）の場合である。

小浜は日本海に開けた港湾都市であり、中世では日本海航路の拠点として各地とつながる基地として繁栄していた。その都市小浜には時宗・浄土宗・浄土真宗とともに、日蓮宗の寺院が進出している。

長源寺はその小浜に京の本国寺の末寺として康暦《こうりゃく》二年（一三八〇）に日源により開創されたという。

若狭・越前は中世文書の宝庫であり、小浜の寺院にも多くの文書が残されているが、長源寺も例外でなく、寺へ地域住民が帰依の証として土地を売却したり寄進したりしたことを意味する、売券《ばいけん》や寄進《きしん》状《じょう》が豊富に残されていることが特徴である。

檀方評定衆＝小浜商人の帰依

永享七年（一四三五）、開山の日源は日顕に住持職を譲り寺院法を定め、やがて同年に死去する。それは単独の署判により行われていた。降って永正一一年（一五一四）にも、長源寺で法度が制定されている。これは文書の袖に本寺である京本国寺の日遵の花押が据えられ、かつ奥には「檀方評定衆」といわれる一〇人の人々が名を連ねている（右写真参照）。

彼らは葛西《かさい》・瀬木《せぎ》・瓜生《うりう》といった名字をもつ人々と、次郎右衛門尉など名字をもたない層から成り立っていた。花押こそないが、この形式はまさに文明年間（一四六九〜八七）の日親の法度と見誤るほど類似していることがわかる。

本法寺の場合、文書の奥に署名していたのは僧侶だったが、この場合は在家人（俗人）が日遵の制法を順守することを誓わされているようである。というのも、条文をみると、衆・檀（僧と檀那）の融和が説かれているからである。つまり当時、檀那が寺の運営に関わって無視できないほど力をもってきたことをこの法度は意味しているのである。

檀方中の葛西・瀬木・瓜生という名字の人たちは単なる村人ではなく、小浜の商人層であったらしい。瀬木氏は瀬木という在所を拠点とする人物だが、この場所は守護武田氏の被官の屋敷がある地で、近世には有力商人で「小浜町屋の首魁《しゆかい》」といわれた組屋《くみや》氏の屋敷があったところである。

瓜生は少し離れた瓜生庄（現三方上中郡若狭町《みかたかみなかぐんわかさちよう》）の有力土豪であろう。そして葛西氏が興味深い。葛西氏は本来東国下総の武士だが、小浜葛西氏も葛西氏によくある「重」の字を使っていることから、やはりその一族であろうと思われる。

小浜の葛西氏は奥州の津軽《つがる》に移住した葛西氏の関係者と推測される。というのも小浜は当時、日本海航路で奥州津軽と連結していたからである。永享八年（一四三六）、津軽十三湊《とさみなと》の安東氏が小浜の羽賀寺《はがでら》の造営のために巨額の銭を寄進している事実はそのことを示している。逆に、商業を営む津軽葛西氏の一族が小浜に土着し有力な商人となっても何ら不思議はない。日蓮宗が商人や町衆の信仰として都市に浸透する様を、この事例は物語っている。

惣村を基盤として

この長源寺は多くの土地を集積するが、そのほとんどが東勢井《ひがしせい》村と呼ばれる小浜に隣接した村の土地であった。檀方衆の拠点がこの付近にあったのだろう。特に享禄三年（一五三〇）、東勢井村の百姓一四人は「惣地下」として田地を長源寺に売り渡している。そして天文年間（一五三二〜五五）には「惣百姓衆」が寺家への年貢を保証している。

この「惣」とは惣村のことである。つまり東勢井村は村ぐるみで長源寺に帰依していたとすることができるだろう。長源寺は商人のみでなく、惣村をも基盤として組み込んでいたのである。

ただ、東勢井村は単なる農村ではなかったふしがある。田地からの年貢を計るためには枡《ます》が使われるが、中世では何種類もの容積の異なる枡が使用されていたのである。東勢井村の田で使われていた枡をみると、「小浜市枡《いちます》」「今富之枡《いまとみ》（今富は現小浜市を中心とした荘園名）」「浜枡」「政所枡」である。「市枡」や「浜枡」とは、文字どおり市や浜（集荷の蔵がある場）で使用された枡である。

東勢井村は、小浜という都市を経済的に支えるヒンターラント（後背地）であったのであろう。これも長源寺が流通経済と密接に関わる階層や地域に支えられていたことを示す事実である。

大名の傘下へ

商人や惣村に支えられていた長源寺ではあったが、やがて権力の手が伸びてくる。天文二年（一五三三）には若狭守護武田氏の家臣粟谷元隆《あわやもとたか》が禁制を発給している。そして元亀《げんき》元年（一五七〇）には同じく重臣の山県秀政《やまがたひでまさ》の掟書が出されている。

さらに翌元亀二年、かねてより小浜に進出を目論んでいた越前朝倉義景《あさくらよしかげ》の判物が出され、長源寺は朝倉氏の祈願所となり、同時に禁制も発給される。

ただ、山県氏の掟には、寺中のことは「寺法度」に任せ住持や宿老が差配せよ、との文言が織り込まれており、大名は長源寺の自治を基本的には認めていたことがわかるのである。

長源寺にみる僧侶と檀那のあり方、そして大名の介在の仕方は、まさに日蓮宗信仰が地域に持ち込まれ、定着し、権力の認定を受ける過程を明瞭に示す一つの典型といえる。しかし地域に日蓮宗寺院が受容され、戦国仏教として定着する過程には、これ以外にもいくつか論じておかなければならない問題がある。章をかえて、最後にいくつかの地域の事例をみてゆくことにしたい。

第6章　戦国仏教の成立

戦国社会と日蓮宗

戦国時代をみる目

一五世紀の半ば、応仁・文明の乱あたりから、日本は戦国時代に突入する。普通、戦国時代は文字どおり各地に盤踞《ばんきょ》した戦国大名が覇を競い天下をめざす時代、というイメージで語られる。しかし「下剋上《げこくじょう》の時代」とも呼ばれるように、下の者が上の者を凌駕《りょうが》する「成り上がりの時代」でもあった。その根底には、わき上がる社会の底辺の民衆の力があり、民衆が躍動する時代、という見方もされてきた。

しかし近年は、寒冷化と飢饉に見舞われた社会で、人々が生存をかけて闘った時代だった、という見方が提起されていることは前述した。

そこでは同じ躍動する民衆でも、右肩上がりの高度成長を担う民衆ではなく、低成長の時代を生き抜くしたたかな民衆像が提起されている。飢饉や戦乱を彼らはどのように生き抜いてきたのか。この

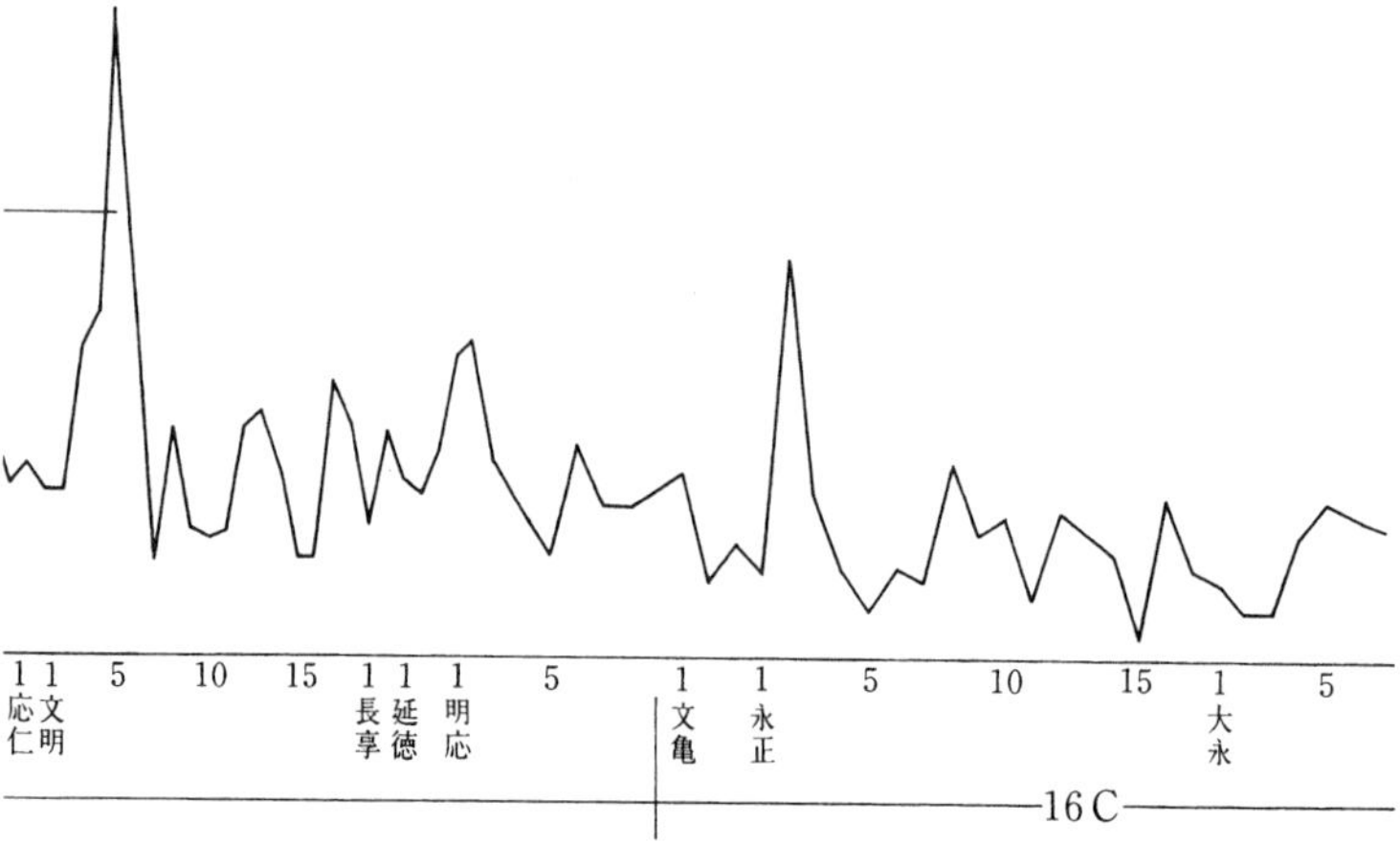

疑問には、不況や環境悪化の真っただ中を生きる我々の切実な要求が反映されてもいるのである。

戦国仏教の成立を考える上で、こうした厳しい問いかけは重要な意味をもっている。なぜ戦国仏教が広がってゆくのか、を考える際、戦国の地域社会の現実を踏まえてゆくことはきわめて重要となる。この厳しい時代、宗教に何が求められたのか。本章で具体的に考えてゆきたい。

『本土寺過去帳』にみる死

千葉県松戸市の本土寺《ほんどじ》には、中世に書き継がれた過去帳が保管されている。

およそ一四世紀の末期から書きはじめられ、いくどか書写されて複雑な伝来をたどっているが、近世初頭までの三〇〇年、松戸を中心として本土寺の教線が及んだ下総の西部から上総、武蔵一帯のほぼ一万件にのぼる、夥しい死者の名が刻まれ

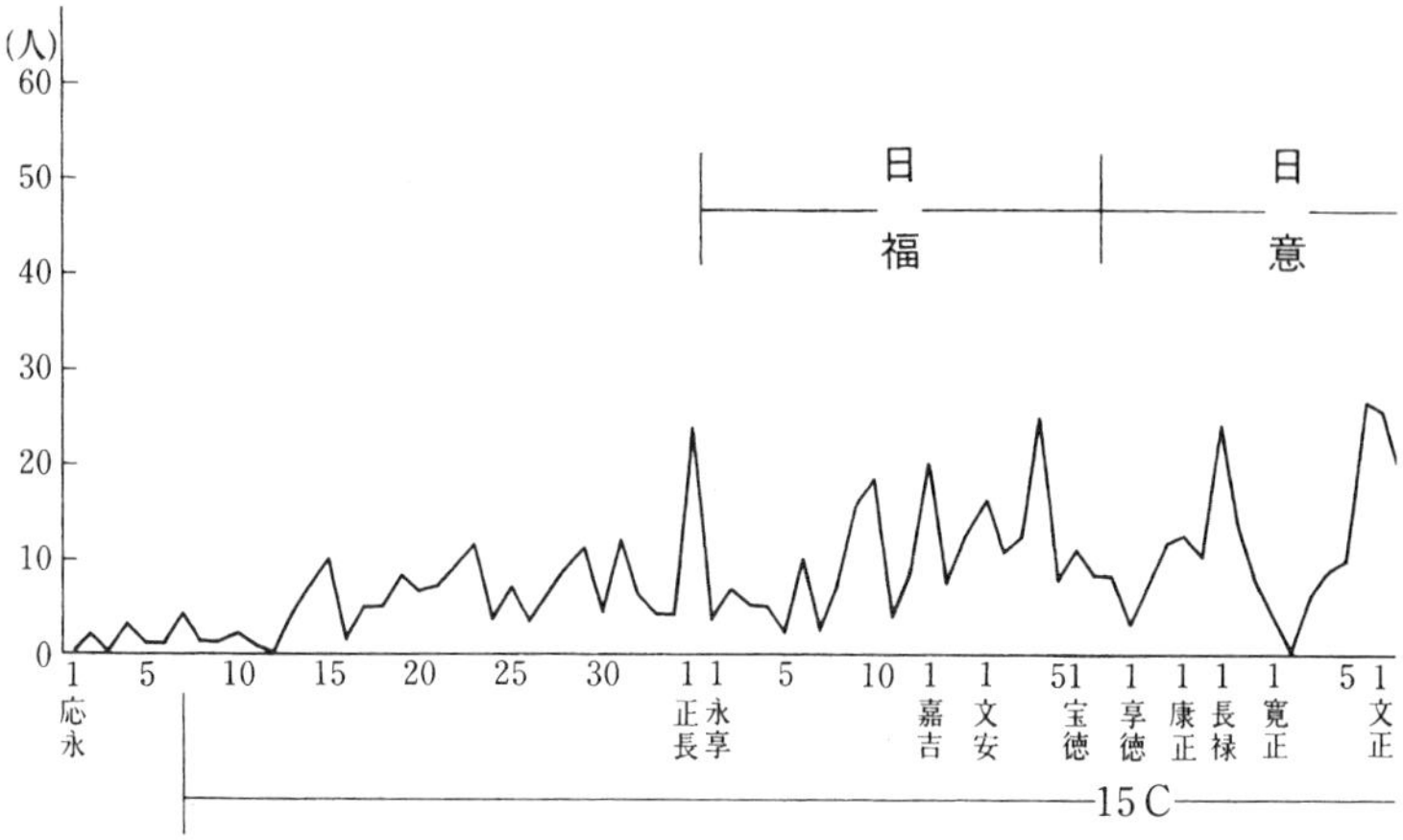

『本土寺過去帳』における年次別死亡者数の推移
便宜上、大永７年（1527）までとした（『千葉県の歴史　通史編中世』所収の田村憲美氏作成の図に加筆）

ている。

この『本土寺過去帳《かこちょう》』は日めくりの形式をもつもので、戒名《かいみょう》はもちろん、俗名や縁者、死亡場所や死亡理由が適宜記載されており、貴重な史料となっている。

そこに記載された人々は、おおむねこの地域の有力な地侍とその家族や縁者、あるいは僧侶などである。上図のグラフに示した死者の数は、一五世紀半ばから一六世紀初頭に大きな山があり、前後は漸減する。

この時期は本土寺の寺観が整う第八世日福と九世日意の時期にあたる。特に日意の時代は、もっとも教線が延びた時代である。それはつまり、地域の人々に本土寺の信仰が浸透し、追善供養などが深く浸透したことを意味しているのである。

この過去帳にはさまざまな死があふれている。

他の史料にみえないこの地域の小競り合いのような戦争が記され、それによる戦死、そして殺害や自殺などもみえる。これも戦国の世の習いであろう。しかしそれにも増して重要な死がほの見える。

中世の二〇〇年を対象として、こうした戦乱や殺害・自殺などの「異常死」を除いた約四三六〇件余の死亡年月日記事の検討からは、この時期の東国の地域に生きる人々の「死に様」が明らかになるのである。

グラフをふたたびみよう。ここには三つの大きな山といくつかの峰、つまり死亡の増加する時期が確認できる。山とは正長《しょうちょう》元年（一四二八）、文明五年（一四七三）、永正二年（一五〇五）である。これらは他の史料から大飢饉の年であったことがわかっている。また断続的に出現する峰も飢饉である可能性がきわめて高い。これは農業基盤の脆弱性により飢饉が繰り返されていたことを示すという。つまり、この時代はまさに繰り返される飢饉の時代であったのであり、その際には多くの人々が死を迎えたのである。このことをはじめて指摘したのは田村憲美氏であるが、本書でもしばしば紹介している、その後の藤木久志氏の仕事などを重ねあわせると、これは動かしようのない事実であったことがわかってきた。

中世の死亡の季節

さらにその苛酷さは、死亡の季節性からいっそう明らかとなる。死者の数を各月ごとに集計してみると、二〇〇年のあいだ、一定の季節性が認められる。一年の前半（一月～六月頃）は月平均を一貫して上回っているが、七・八月には下降に転じ、その後九・一〇月には最低となり、一一・一二月にふたたび増加し平均に近づく。そしてこれは山や峰の時期だけではなく、通常年も同様であった。

つまり死亡は旧暦の春から初夏に集中しており、逆に晩秋から初冬には死者がもっとも減るのである。これは、食料が底をつく端境期《はざかいき》に生命を維持できずに死亡する人がきわめて多く、それが中世の地域に生きる人々の一般的なあり方だったことを意味するのである。

ちなみに五月は明らかな死亡率の低下が認められるという。これは夏麦の収穫月であり、その収穫により飢えが一時緩和されることになる。

しかしこの状況が悲惨であるのは、こうした春来る飢えを示す死亡のあり方が、一九世紀半ばの天保の飢饉の傾向と一致するという事実である。ある近世江戸の過去帳によれば、通常の年はまったく異なる傾向をみせる。死亡者は三・四月から増加し、七・八月がもっとも多く、九・一〇月から低下してゆく。これは夏季の消化器系疾患と冬季の呼吸器疾患による死亡が多数を占めるという近世以後の死亡の傾向である。それに対比して、天保の飢饉の際は本土寺の場合と同じになる。つまり普段の中世は、飢饉の近世と同じ、ということになる。

中世の後半という時代は、春になると毎年のように食料が乏しくなる現実があり、そのことが慢性的な飢餓を引き起こす社会であったのである。

慢性化する餓死と信仰の受容

本土寺が直面したものは、こうした苛酷な現実だった。そのなかに教線が延びていったのは決して偶然ではあるまい。人々がその家族・縁者の死に直面して、信仰を欲し、葬送や追善の儀礼を受容することが、その教線の展開を保証していたとしか考えられない。そこに日蓮宗寺院の積極性を認めることに誤りはないだろう。

ただ、『本土寺過去帳』のこうした分析には批判も寄せられている。一万件を越えるデータ処理の方法についてはここで立ち入ることはできないが、過去帳に載せられている人々が、過去帳に載る際に寺院に喜捨を行いうるような富裕な階層に属しており、餓死とは縁遠い人ではないか、ということ、死亡要因として餓死が過去帳の記載にまったくないのはなぜか、ということである。

しかし、餓死はありふれた死であるからこそ、あえて注記するに及ばない死であった、という見解も成り立つだろう。また、有力者でさえ餓死に至る、とするならば、そうした事態での信仰への帰依、そして喜捨のもつ意味はいっそう重くなるのではないだろうか。その背後には、そうした信仰にもすがることができない無数の非力な人々のおびただしい死が存在していたに違いない。そうした現実こそ、宗教が受容される実質的な受け皿だったのである。

『常在寺衆中記』の世界

『本土寺過去帳』の時代の様相をさらに詳しく記した日蓮宗関係の史料が山梨県にある。河口湖畔に伝来した『常在寺衆中記《じようざいじ》』である。

これは、日国という僧侶とその法脈に連なる複数の日蓮宗僧たち（常在寺衆中）により書き継がれた戦国期の記録を編纂したものである。常在寺は甲斐国都留《つる》郡の河口湖畔にあり、近隣には妙法寺など関連する寺社も点在している。

いくつかの写本が伝わり、『妙法寺記《みようほうじき》』『勝山記《かつやまき》』などとも呼ばれるが、その中身は、六世紀からの年代記の部分と、文正《ぶんしよう》元年（一四六六）から永禄六年（一五六三）に及ぶ詳細な年録の部分からなる。特に後者の記述はきわめて詳細で興味が尽きない。

僧侶の記録であるから、宗教的な記事はもちろん豊富である。常在寺は沼津の岡宮光長寺《おかのみやこうちようじ》を本寺とする寺院で、かつては河口湖沿岸大原庄《おおはらのしよう》の鎮守である勝山御室浅間《おむろせんげん》神社の宮寺だった法伝寺が、弘安年間（一二七八～八八）に日蓮宗に改宗したものであるという。

妙法寺も含め、戦国期には周辺に日蓮宗寺院が点在し、布教を展開していた。しかしそれだけでなく、河口湖南岸の大原庄を中心とした地域社会の様相が驚くほどの詳細さで記されている。また記主の僧侶が天文年間（一五三二～五五）に近隣の富士参詣の拠点として有名な吉田郷（現富士吉田市）に移った関係で、この著名な町場の様相も明らかになる。

以下、しばらくこの約一〇〇年に及ぶ稀有な記録を繙《ひもと》いてみよう。

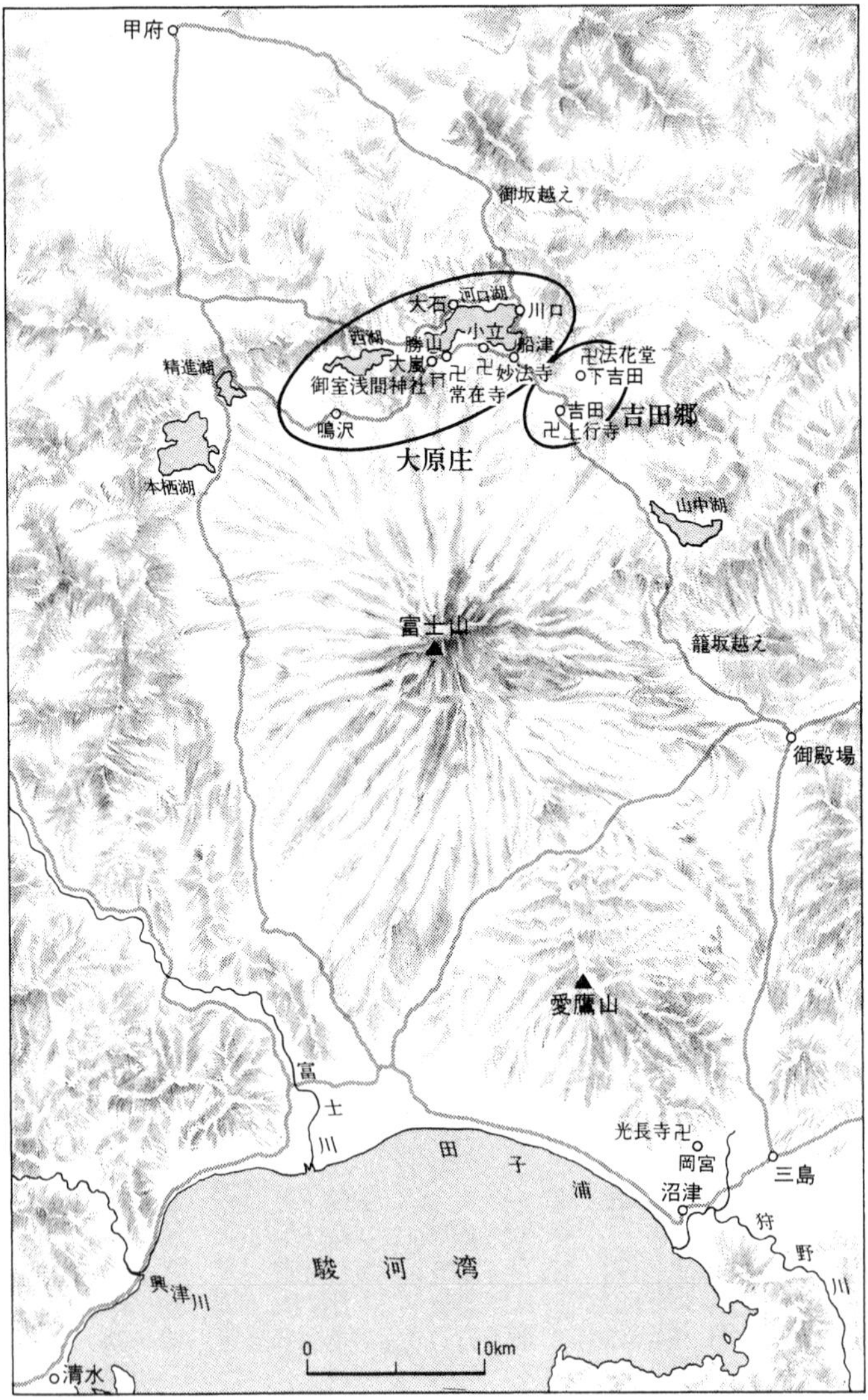
甲府
御坂越え
大石
河口湖
川口
西湖
勝山
小立
船津
法花堂
大嵐
妙法寺
下吉田
御室浅間神社
常在寺
精進湖
吉田
吉田郷
鳴沢
上行寺
大原庄
本栖湖
山中湖
富士山
籠坂越え
御殿場
愛鷹山
富
士
川
光長寺
岡宮
田
子
浦
三島
沼津
狩
野
川
駿　河　湾
興津川
0
10km
清水
富士山麓周辺図

富士北麓の飢饉・餓死・疫病

まず目につくのは何といっても災害や飢饉であり、その結果の病や餓死の様相である。この地方は標高が高く、富士山からの冷たい風も吹く寒冷地で、耕地も多くはない。そのゆえもあって、文明五年（一四七三）の「甲州大飢饉で餓死すること限りなし」をはじめ、「大飢饉」「飢饉」「言語道断餓死」「餓死無限」「悉く餓死」が充満している。そのような年は数えただけでも二〇年（回）に及ぶ。また単に「世間つまる」「春つまる」という記載を含めればさらに一三年（回）が加わる。

この「つまる」とは、作物の作柄が良くなく、食物に事欠く状態である。特に「春つまる」は天文三年（一五三四）の「此の春言語道断餓死に至り候て、人々つまること限りなし」というように、おそらく端境期での食物が尽きた状態で、しばしば餓死に至る。この年、人々は蕨《わらび》の根を掘って食し、からくも生き延びている。蕨は中世の最後の救荒作物だった。

このような有様は、まさに『本土寺過去帳』のデータを裏付けるものである。実際、過去帳の例の山と峰にその年が符合する事例が多いことが確かめられる。

この事態をもたらすものは、大雨や大風といった天候の不順と地震や山津波などの災害だった。飢饉や餓死の発生する年には大抵これらのいずれかが起こっている。長期的な寒冷化のなかにあって、永正二年（一五〇五）や同一二年（一五一五）はまさに寒さが飢饉を引き起こした。また天文一九年（一五五〇）は六月から八月にかけて長雨が続き、六月には大水が出た。そして七月〜八月には大風と災害がうち続き、世間は餓死の巷となった。これは寒冷型飢饉の典型である。

そしてこれらに疫病の蔓延《まんえん》が重なる。「モ」（裳。裳瘡《もかさ》）と呼ばれる疱瘡《ほうそう》（天然痘《てんねんとう》）は多くの子供の命を奪い、麻疹《ましん》（はしか）や狂犬病、赤痢・疫痢の流行もあった。

伝染病にかかった人々は、郷村にとどまることができず、自ら村を出たり追い出されたりしている。また疫病の蔓延した村を捨て一斉に百姓らが退散してしまうこともあった。武田氏は永禄二年から同四年（一五五九〜六一）にかけて蔓延した疱瘡の流行により村を捨てた百姓に、村に戻り耕作に専念することを命じた「人返し」令を出しているほどである。

餓死や飢饉の引き金はこうした天災ばかりではなかった。この記録は多くの戦争に満ちている。戦争になると大名は都留郡に入る籠坂《かごさか》峠・御坂《みさか》峠を留め、荷の通行を遮断する。そのことにより米や物資が手に入らずに人々は餓死に至るのである。

世間富貴——悲惨なばかりではない地域

このように、『常在寺衆中記』はまさに長期的な寒冷化と飢饉の慢性化した戦国社会の実態を示している。だがしかし、一方で確認しておかねばならないのは、慢性的飢餓といっても、常にいつもそうであったとは限らないことである。

飢饉の合間に、しばしば「富貴《ふうき》」という年がある。文明七年（一四七五）の「甲州富貴」にはじまり、「世間富貴」（明応《めいおう》二・永正五・同一〇・天文二三年）、「一切吉《よし》、世間富貴」（天文一七年）など一二回もの「富貴」が記録される。

また「吉《よし》」「夏より世間くつろぐ」（延徳《えんとく》四年）などもその範疇に入る。特に「吉」は作物の作柄をあらわしている場合が多く、「世間」が「富貴」や「くつろぐ」のは、おおむね作物の作柄が良く、富士参詣の道者が落とす銭が多く、物価が安い場合、つまり好景気だったことになる。

飢饉や餓死が災害や疫病など不測の事態であるのに比べ、「世間富貴」は人々の努力によりもたらされるものであった。ここに悲惨な世に生まれながらも、必死に生きようとする戦国の人々の姿勢を認めるべきだろう。人間は手をこまねいていたばかりでなく、生産や交易によって富を求め、実際に豊かになる術をも知っていたのである。

しかし、施肥や改良が十分でない中世の作物は寒冷に弱く、銭の獲得も不安定さをともなうものだった。そのため「富貴」がすぐに飢饉や餓死に暗転する場合がしばしばあった。

延徳二、三年（一四九〇、九一）は「大飢饉」だったが、翌延徳四年（一四九二）は夏より「世間くつろぐ」状態になり、翌明応二年も「世間富貴」だった。しかしすぐ翌年には不作となり同四年には「飢饉」となる。天文二年（一五三三）は「春富貴」だったが、翌三年の春には「言語道断餓死」となった。同一三年（一五四四）も「春世間富貴」だったのが、夏の大麦の作柄が悪く一転「餓死」、秋には「餓死限りなし」となってしまっている。

こうした点からみえてくるのは、当時の社会インフラの脆弱さであろう。村や町が人々の生存を支える組織として成立しつつあったのは事実だが、まだ十全な保証にはほど遠い基盤でしかなかった。そのなかで仏教や寺院の果たす役割もまた、切実なものが要求されていたに違いない。

世間への関心——相場と銭

ところで本書にとって問題は、日蓮宗僧はなぜこうしたことを詳細に書き記したのか、という点である。それを一言でいえば、「世間」への強い関心があった、ということになるだろう。いままでしばしば「世間」という言葉が出てきたが、これは彼らの寺々が存在する河口湖畔や吉田郷を中心とした生活圏を意味している。つまり僧侶たちもその生活圏の一員として利害を住民とともにする存在であったのである。

このことをよく示すものとして、相場や流通への関心があげられる。ここでいう相場とは、米・大麦・小麦・大豆などの穀物価格であり、それが作柄とともに克明に書き取られている。相場に作柄が直接反映されるのは当然だが、凶作と豊作の際に相場はまったく異なってくる。また季節による格差もあり、大原庄と吉田郷でも相違していた。

またもう一つは銭への関心である。これは経済生活を考える場合に当然無視できないものだが、直接にはさきにもみた富士参詣の道者たちのもたらす銭の問題であろう。吉田郷は、富士参詣のセンターとして発展を遂げた町場であり、特に上吉田は「千軒の在所」とされる場所である。ちなみに明応九年（一五〇〇）にみえる「道者」がこの記録での富士参詣道者の初見である。

銭の流入に関わって、撰銭《えりぜに》という行為が散見される。これは悪銭を排除することで、当事者同士で行われたり領主小山田《おやまだ》氏も法令を出している。撰銭が行われると売買が円滑にいく傾向がある。つまり、僧侶の生活においてもこれらの動向は重大な関心事であり、また「世間」の動向を左右するものとして眼差しが注がれていたのである。また銭については宗教的な行為とも関わる。ことのことは後述しよう。

作物と筒粥神事

永禄三年（一五六〇）の記事には「筒粥（ツ、カイ）」のことが記されている。下吉田の小室《おむろ》浅間神社で現在でも行われている筒粥神事《つつがゆしんじ》のことである。

この神事は小正月の夜、粥に二四本の筒を入れ、入った粥の量で農作物のできや富士山へ参詣する道者の数の多寡を占う神事である。またこれに先立ち、オキズミ（燠炭）の神事と呼ばれる「テリフリ占い」が行われる。これは照り・降りを占う神事である。永禄三年の「筒粥」はまさにこれで、占いに反して同年の道者が二月から七月にかけてたくさん参詣したこと、そして照り・降りと作柄の悪い予感が的中してしまった、というのである。

このように産土《うぶすな》の神社に伝承されてきた民俗行事が戦国時代に確認されるのである。しかしそれは現代と異なり、当時は「世間」のゆく末を占う切実な行事であったことはいうまでもない。

そして、この行事でできを占われる作物のほとんどが、『常在寺衆中記』に登場していることが注目される。それは稲（米）・大麦・小麦・大豆・小豆・粟・稗・蕎麦・芋・夕顔・菜・茄子・麻だが、このうち茄子を除いて蚕・黍を加えたものが占いの対象となっている。米・大麦・小麦・大豆・小豆・粟・稗・蕎麦については価格が記されているが、他の芋・夕顔・茄子・菜は商品ではなく、この地で耕作され食用に供されていた作物である。

こうした驚くべき作物への関心は、筒粥神事という地域の産土神の神事と分かちがたく結びついていたことになる。そこに日蓮宗の僧侶としての民間の習俗・神事への忌避反応は微塵《みじん》もみられないことには、改めて注目しておきたい。

災害を記録する僧侶たち

一般に、中世後期の年代記や記録には、日蓮宗僧や禅宗の僧侶のものが多いという印象がある。誤解を恐れずにいえば、これこそ彼らが現実の社会の動向に深い関心を向けていたことの証左であると考えられる。

『常在寺衆中記』においてもこの特徴はいかんなく発揮されているといえるが、記主が交替してもそのタッチがあまり変化のないことにも驚かされる。

特に「余り（の）不思議さに書き置き申す也」といった表現がしばしばみられることが興味深い。文亀《ぶんき》元年（一五〇一）には一二月の極寒にヘビやカエルが飛び回ったことをこう表現している。その他富士山で道者が熊に喰われたり、星が燃えたこと、大風や地震・雪水が一一回出たことなどがこう記されている。逆にいえば、それ以外のことは、彼らが書くべくして書いた、ということにもなる。つまりそれらは僧侶にとってまさに日常の世界に属する事柄であった。ここに生活者としての僧侶の日常の意識が生まれてきたことになろう。

明応の大地震の脅威

ここで少し脇道にそれ、記録者としての僧侶の姿をもう少し探ってみよう。記録のなかには明応七年（一四九八）の大地震と呼ばれる大事件に関する記載がみられる。原文を引用してみよう。

八月二十五日辰剋《たつのこく》（午前八時頃）に大地震動じて、日本国中堂塔乃至《ないし》諸家悉《ことごと》く頽《くず》れ落ち、大《おお》海《うみ》あたりは皆々打浪に引れて伊豆の浦へ悉く死に失う。また小河悉く損失す。同月二十八日大雨・大風限りなし、申《さる》剋（午後四時頃）当方の西海《にしのうみ》・長浜《ながはま》、同大田輪《おおだわ》、大原《おおはら》悉く壁におされて人々死《しぬ》る事大半に過《こ》へたり。足和田《あしわだ》・小海《こうみ》の居房皆悉く流て白山と成り申し候。

この日、遠州灘《えんしゅうなだ》沖を震源とする巨大地震が発生し、紀伊半島から房総半島の沿岸を津波が襲い、西湖《さいこ》から河口湖周辺にかけても大きな被害がもたらされた。

この地震の記事は『常在寺衆中記』中でももっともリアルなものの一つで、特筆に値する。余震は翌々年まで断続的に続き、大飢饉も巻き起こされた。

天文一八年（一五四九）四月に地震（ナイユリ）が起こった際、五一年前の地震と同じほどひどい揺れだと伝えられ、それが「あまりの不思議さに書き付け」られている。明応の地震の脅威が長く伝えられており、この地震が人々の記憶に強く刻み込まれていたことはまちがいない。

明応の大地震については、駿河村松《むらまつ》（現静岡市）の日蓮宗海上寺《かいじょうじ》（海長寺《かいちょうじ》）の僧日海の記録『日海記』も残されている。

日海はこの時身延山にいた。身延では日蓮草創以来の堂地がことごとく損壊し河原のようになってしまったという。日海は四日後の二九日にようやく自らの寺にたどり着いた。しかし寺の伽藍《がらん》や仏像も跡形もなく崩れ去り、聖教や御書も大雨により餅《もち》のようになってしまっていた。また日海の前の貫首日円らの衆僧が、近辺の小河の末寺に赴き津波に遭い堂舎もろとも海中に没したともある。

しかし日海は災害にめげず早速先師を弔い、寺の普請と再興を誓う。そして、とにかくできるところから着手し、この年一〇月の御会式《おえしき》を何とか執行している。災害をみる目と、その後の復興にかける彼らの行動力が印象的である。

信仰のもつ力

ところで『常在寺衆中記』の信仰や布教に関わる記事をみてみると、本寺の動向や自分の寺との関連、堂舎の造営や参詣に関する記事が主であり、飢饉や災害との関連を直接は窺うことはできない。

ここまで本書では、祖師日蓮が現実の社会に目を向け、その救済をめざしたこと、そのために法華経至上主義を国家へ要求していたことをみた。また、室町時代、日親の目を通じて、日蓮宗の各門流が、村や町の有力者を基盤としてその力を背景に地域社会に広がっていく様をみてきた。

戦国時代、国ごとに「国家」を創った戦国大名に向かい、法華経の護持や受法を求める日蓮宗の動きは甲斐国にもあり、村や町を基盤とする布教も活発ではある。だが、この記録をみる限り、その行動が飢饉や災害と連動したものであるとはいえないのである。

しかし重要なことは、僧侶たちが外側から地域をみているのではなく、まさに地域社会の一員として、村人や町人らと同じ視線で社会の現実をみていることである。

つまり彼らにとって、飢饉や戦乱は、地域の住民としてともに苦しみ、打開すべき課題であったのではないだろうか。だからこそ、彼らは地域の習俗や経済に格別の関心を寄せたのである。かえってここに、戦国仏教が地域社会に確実に根付いた姿をみるべきだろう。

とはいえ、まったく飢饉や災害に対応する動きがないわけではない。ここでは天文年間の出開帳《でがいちょう》の事例をみておこう。

飢饉と出開帳

天文二一年（一五五二）の七月、本寺である岡宮光長寺から事が持ちかけられ、下吉田で光長寺の本尊の開帳があった。近世によくみられる出開帳のようなもので、光長寺の所蔵する日蓮直筆の二八枚継の巨大な曼荼羅本尊が運ばれてきたのである。場所は下吉田の本行坊日祐の寺庵であろう。

すると「信心の男女・出家」らは盛んに「参銭」を本尊に向かって投げた。そのため本尊を守っていた壁が打ち破られるほどであり、参集した人々は感涙を流した。そして若い僧侶一六人に坊号が授けられたという。またその後、この寺庵では自前の本尊と鬼子母神《きしぼじん》像が造られ、敷地も広げられることになった。

この一連の事態は何を物語っているだろうか。まず前年の天文二〇年の状況をみよう。この年は昨年からの餓死が春にも引き続き「餓死限りなし」という状況で、しかも火災もあり、小山田氏の被官衆が出陣する信濃との戦争もあった。そのため吉田の地下衆へは銭が賦課され、地下衆は在所を空けて逃散《ちようさん》しこれに抵抗したような年であった。飢饉と戦乱・重税により吉田郷が疲弊の極みに達した年だったのである。

その翌年に本寺の出開帳が行われているのは偶然ではない。吉田郷の人々が日蓮の本尊に対し「参銭」を投げ感涙にむせんだのは、疲弊した在所の復興を願ってのことであったに違いない。彼らは必ずしも日蓮宗の信者ばかりではなかったろう。そこへ広く信仰を広めるために、出開帳が行われたのである。

また寺庵のほうもこの機会を逃さず、新たな出家得度により僧侶を増やし、本尊と堂舎・敷地を整備したのである。

ここで特に注目したいのは「参銭」である。おそらくそれが寺庵の整備の資金となったのだろう。銭は富士参詣の道者が吉田郷に落とす最大の富である。疲弊した在所であっても、住民が銭を出せる背景にはこの事実があったに違いない。

明応九年（一五〇〇）六月に大地震が起こった際、富士には道者の参詣が「限りなし」という状態であった。これは災害がむしろ、その贖罪《しょくざい》としての富士参詣の気運を呼び起こしたのだろう。こうした事態を踏まえれば、出開帳における「参銭」の獲得は、銭を得るための集財システムとして機能していたことになる。

融けあう民俗と信仰

この「参銭」をめぐっては、室町時代、日親が日蓮宗にあるまじき行為として『折伏正義抄』で糾弾していたことは第4章でふれた。だがここにあらわれる姿には、そのようなためらいは微塵もみることができない。

銭やつぶてを仏に投げつけるのは、荒々しい中世の結縁《けちえん》の方法である。民衆の熱狂ぶりがそこにある、きわめて土俗的な作法である。

一方で祖師の曼荼羅本尊は聖なる存在であり、信者に裸でさらされるわけはない。「参銭」が打ち破った「壁」とは、本尊を銭から守る堂舎の壁に違いない。しかしここには、民間の習俗と日蓮宗の信仰の融合を窺うことができる。だがそれは、日蓮宗が唱える出世間主義とはまったく別の世界であったといいうる。

『常在寺衆中記』には、この地域の民俗と呼べるものがたくさん記述されている。東北地方で現在も行われている、「鹿島様《かしまさま》」というわら人形を村の境に立てて悪霊を防ぐ習俗がみえる。永禄二年（一五五九）に疫病が蔓延した理由は、この「鹿島様」が大雪でもぎとられてしまったからである、としている。

また「鹿島流し」といってわら人形を船に乗せて川や海に流す行事があるが、享禄三年（一五三〇）に諸国に疫病が蔓延した時、人々が鹿島人形と思われる「神々」を鹿島神宮へ送り帰した、という記事もある。

また文明八年（一四七六）には「松を二度立てる」とあるが、これは災厄を落とすために門松を二度立てて良い年に替える「取越正月《とりこし》」のことであり、島崎藤村の『夜明け前』にも出てくる行事で、江戸時代幕末の木曾でも行われていた習俗である。またさきにみた筒粥神事もその正月神事の一つである。これらと信仰の共存に、この記録の記主はいささかの矛盾も感じてはいないのである。

むしろ、こうした世界を受容することで、はじめて日蓮宗はその基盤を地域社会に獲得することができたのである。

民俗学や民間信仰の研究によれば、こうした関係がさらに進化してゆくことが確認できる。淡路国（淡路島）津名《つな》郡郡家《ぐんけ》中村の妙京寺《みようきようじ》（現淡路市）では、日待《ひまち》法会のような在来の村落行事であったものが寺院の年中行事として習合している。また村落生活においては、法華宗信者の家に多種多様な「御祈禱札」が貼られている。これは菩提寺の妙京寺から正月に配布されるものであった。また農耕での豊作祈禱も盛んで、田植えの際の「植付《うえつけ》題目」、害虫駆除の際の「虫除け題目」、その「願ほどき題目」などがあるという。

また下総国市川の江戸期の庚申塔《こうしんとう》をみると、釈迦像や題目、帝釈天《たいしゃくてん》の銘をもつ日蓮宗と習合した塔が一七世紀半ばの明暦《めいれき》年間（一六五五〜五八）からみられ、市の北東部に偏在して造立されている。その地域は近隣の中山門流の古くからの寺領であったところで、その中核である大野《おおの》・柏井《かしわい》では繰り返し造立され続け、庚申塔造立に際して日蓮宗僧が指導者であった銘が存在しているという。

このような近現代にまで至る日蓮宗のあり方の起点は、まさしく戦国時代にあったのである。

戦国郷村と寺——東国

『本土寺過去帳』の郷村

さて、以下では地域に根付いた戦国仏教の有様を、さらに詳しくみてゆくために、いくつかの地域の寺院を訪れてみることにしよう。

まず東国の現場から。シビアな環境のなかで、地域の日蓮宗寺院はいかに成立してゆくのだろうか。場所は千葉県市川市、いまみた大野町。中世の下総国八幡庄大野郷である。

大野郷は延文三年（一三五八）からみられる地名で、それ以後中山門流の教線が及んでゆく地である。文書史料には恵まれないが、『本土寺過去帳』に多くの関係記事があり、過去帳の時代の東国郷村の有様を明らかにできることがありがたい。

本土寺と大野の関わりは深く、第八代貫首の日福は曾谷《そや》氏の出で大野郷に生まれている。日福は永《えい》和《わ》三年（一三七七）生まれで宝徳二年（一四五〇）に死去しており、まさに過去帳が作成されはじめた時期の人物である。次の第九代日意も、八幡庄市河《いちかわ》（市川）の出身であり、この時代の本土寺は八幡庄（大野郷・市河村）を一つの基盤としていた。

現在でも大野には日蓮宗寺院が密集しており、さきにみたように民俗の点でもその影響はきわめて強い。それらの寺院の成り立ちは、ほぼこの時期に重なる。

この郷村とその核に位置する日蓮宗寺院こそ、戦国仏教が地域に根付いた一つの典型といってよい。飢饉と戦乱の時代に成立したその有様を以下で追求してみよう。

下総国八幡庄大野郷を歩く

まずは早速大野郷を訪れるために地図（一八二～一八三頁）を用意しよう。この図は昭和三二年（一九五七）当時の集落と寺社、字《あざ》・屋敷の分布を示し、その上に近世前期の元禄《げんろく》年間（一六八八～一七〇四）の検地帳にみえる字と、屋号から元禄期まで遡《さかのぼ》りうる屋敷の分布を示したものである。

大野郷は東京湾の奥、海に面した市川市南部から約一〇キロほど奥に入った近世の大野村、近現代の大野町にほぼ一致し、谷田と台地の織りなす典型的な東国村落である。その集落は小さな谷に隔てられた四つの舌状の台地に立地しており、西から迎新田《むかえしんでん》、迎米《むかえごめ》、御門《みかど》、殿台《とのだい》となっている。

近世に開発された迎新田を除き、迎米以下の集落にはそれぞれ次のような特徴がある。迎米は台地先端部から縁辺部に主に屋敷がある。御門では台地中央部の付け根部分に屋敷が密集し、集村状をなしている。これらに対し殿台では集落がまばらであることが指摘できる。

じつは元禄以前の大野村には、「村内村」「小字的小集落《こあざてき》」といわれる小村が存在しており、年貢収納の単位として機能していた。それらは「迎新田村」、「迎米村」、「古里村《こざと》」（迎米の内）、「殿台村」などで、この四つ（三つ）の集落にほぼ対応している。そしてこれらの集落の形態は、中世に遡ることができるものなのである。

近世の大野村は大きな村であり、小集落の存在からみて、本来はいくつもの村に分割されるものであった。しかしそうはならず、中世大野郷以来の一体性を保持することになった。

その理由はおそらく御門にある戦国期の城郭の存在である。一五世紀以後、ここには戦国期下総に威を張る原氏の庶子が配置されていた。原氏の城郭は字「中郷《なかごう》」を中心として大野郷を本拠地として統括していた。のちにみるように、御門の集落が密集し集村をなしているのは、この原氏の介入の結果である。これに対して台地の裾野に集落が展開する迎米は、本来的な下総農村の集落のあり方を示しているといえる。

そして大野郷の各集落には、拠点的な寺院がある。御門には本光寺《ほんこうじ》と浄光寺《じょうこうじ》、殿台には礼林寺《らいりんじ》、法《ほう》蓮寺《れんじ》とその塔頭である充行院《じゅうぎょういん》、円行院《えんぎょういん》があり、これらは皆一様に日蓮宗寺院であり、中世に遡る歴

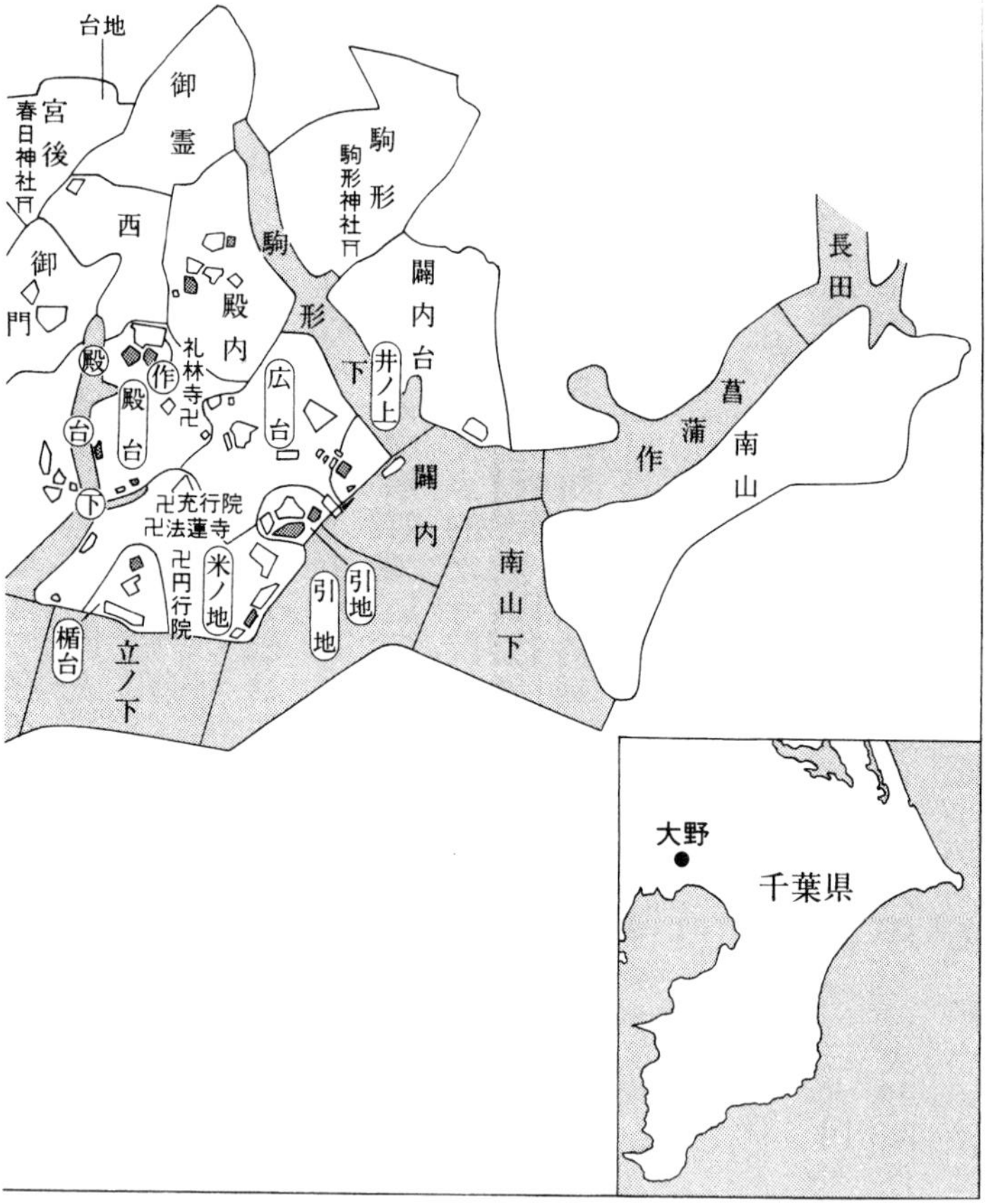
台地
宮後
春日神社
御霊
駒形
駒形神社
西
御門
駒形下
闢内台
殿内
礼林寺
殿台
作
広台
井ノ上
殿台下
充行院
法蓮寺
米ノ地
円行院
引地
引地
闢内
南山下
楯台
立ノ下
長田
菖蒲作
南山
大野
千葉県

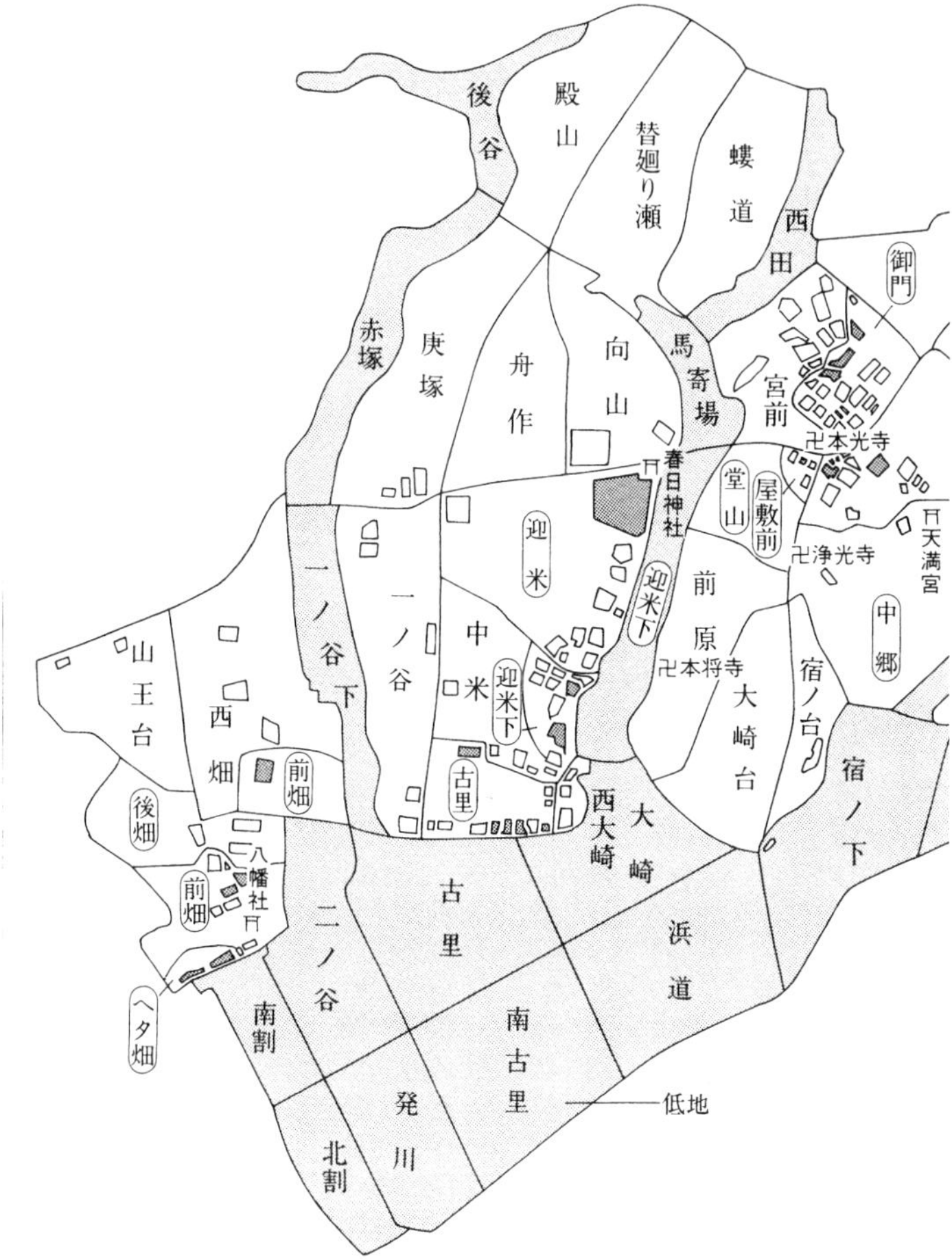

大野郷の集落と字　◯で囲んだ字は元禄年間に確認できる字（含・推定）。■は元禄年間の検地帳の名請人と一致する屋号をもつ屋敷

史を有している。中世におけるこれらの寺院と村の関係を『本土寺過去帳』から探ってみよう。

『本土寺過去帳』にみる大野の人々と寺

大野の地名や物故者が過去帳に見えはじめるのは応永年間（一三九四〜一四二八）、一四世紀末からである。それ以来、一五、一六世紀を通じて九六件もの大野関係の記載がある。

なかでも応永二二年（一四一五）に日福の甥《おい》の記事がある。殿台の法蓮寺は康正《こうしょう》三年（一四五七）にみえている。日福は当初法蓮寺に登山し後に本土寺へあがったという。法蓮寺が康正以前から存在していたことは確実である。

法蓮寺に関して注目されるのは、過去帳に大野郷内の小地名として「米地」とそこの物故者が頻出していることである。「米地」が字「米ノ地」であることはまちがいなく、ここは法蓮寺のある字である。「米地」の人々は、法蓮寺と日福を支える人々であったのだろう。

さらに同じ殿台の礼林寺だが、この寺院は永享一二年（一四四〇）にみえる上国坊である。上国坊は日福の兄弟で中山門徒であり、他に「殿台上国坊」として中山関係の史料にみえる中山系の坊である。他が本土寺系であるのに対し、礼林寺のみが中山門流であることもこれと符合している。

次に永享九年（一四三七）にみえる「多門坊日正」だが、これは御門の浄光寺である。興味深いことに、浄光寺のことをいまでも「たまんぼう（多門坊）」と呼ぶ人がいることからこれは確実である。また御門という地名も文明一七年（一四八五）に過去帳に確認することができる。

次に過去帳にはみえないが、「豊前坊《ぶぜんぼう》」という坊が中世大野には存在していたことが、後述する他の史料からみえる。この「豊前坊」との関連では、寛正七年（一四六六）に物故した原豊前入道光胤《みつたね》のことがただちに思い合わされる。

「豊前坊」とは原豊前の名を冠した坊のことで、これも御門の本光寺のことである。本光寺はその山号を「光胤山《こういんざん》」といい、原光胤の名を冠していることが確実だからである。

集落の核となる寺と坊

このように、過去帳の記載からは、元禄期以前の小村の人々の名が、集落の核となる寺や坊とともに確認することができ、しかもそれらは現在の日蓮宗寺院に連なる存在であったのである。飢饉と災害の時代といわれる戦国時代、地域ではその脅威にさらされながらも、現代につながる集落が形成された。その中心にあったのが寺・坊だったのである。

その際、寺や坊が在地領主や土豪などの有力者と密接な関係にあったことが重要である。

原氏は城郭をこの地に構える武士だが、豊前坊はその屋敷に隣接していた。本光寺の門前の字「屋敷前」はこの地が原氏の屋敷であることを示唆している。

また多門坊＝浄光寺も戦国城郭の近辺にあった。そして殿台の法蓮寺はまさに曾谷氏の氏寺的存在であり、付近の字「楯台《たてんだい》」には曾谷氏の屋敷も存在していた。

つまり有力者の外護を受けた寺・坊が集落の核となり、住民らを保護する関係があったのであり、それが郷村の景観にこめられているのである。

強者が、弱者としての住民を保護する施設として設置した寺や坊が、やがて住民のものとなってゆくという道筋を考えることができよう。

「たまんぼう」の生命力

ここで「たまんぼう（多門坊）」＝浄光寺について興味深い事実を紹介しておこう。

過去帳の多門坊がのちに浄光寺になっても「たまんぼう」と土地の古老に呼ばれていることはさきにふれた。このこと自体、きわめておもしろいことだが、では「たまんぼう」の強靭な生命力はどこからきたものなのだろうか。

浄光寺には「たまんぼうの乳なし仁王」という伝説がある。同寺には像高二四センチほどの運慶の作といわれている仁王像がある。

その伝説とは次のようなものである。仁王像は、運慶が母の菩提を弔うために作ったものだが、誤って乳をそぎ落としてしまった。そのため運慶が壊そうとすると、母はこの像を安産の守りにせよと告げたというのである。そのことから、この仁王が安産の守り神として地域の人々から信仰された、というのである。

この話に付随して、浄光寺の寺地（字「大崎」）で採れるお米をもらうと乳がよく出るという話も伝わる。所願が成就した者は絵馬を寺に奉納しており、たいそう繁盛したというのである。

これに関わる、昭和初年の絵葉書の写真を掲げてみた（左の二枚）。ここにはその田植え（霊田田植祭）に、浄光寺の僧侶たちと多くの大野の人々が携わる姿が活写されている。仁王像の法力と寺地の田の米の霊験が、「子やらい」の民俗と結びつき、地域の人々に日蓮宗信仰と共生し受容されている様を、この事例は何よりも雄弁に物語っている。

霊田田植祭（根岸桃子氏提供）

「たまんぼう」の生命力とは、まさにこうした民衆的な基盤のもとに長いあいだ維持されてきたのである。

戦国の郷村の争い

大野郷には、東国では珍しい戦国の村の争いの史料も残っている。千葉の妙見神社の別当であった金剛授寺《こんごうじゅじ》（尊光院《そんこういん》）にかつて伝わった「下総国千葉庄池田堀内北斗山金剛授寺不入之事」である。以下ではこれをもとに、原氏や豊前坊との関わりで起こった紛争の顚末をみてみよう。

ことは原豊前の家臣の「石《いわ》ね弟」が、尊光院領である大野郷の西村へ手勢を連れて乱入し喧嘩となったことからはじまる。

西村の百姓らはこれに反撃し「石ね弟」を殺してしまう。すると今度は原氏方が西村の百姓を一人打ち殺す。当時の尊光院の座主《ざす》範覚《はんかく》は腹を立て尊光院の神輿《みこし》を豊前坊に乱入させ、生き返っていた「石ね弟」を捕らえ、千葉の作草部《さくさべ》で首を刎《は》ね、その首を鉾《ほこ》に刺して呪詛《じゅそ》した。その結果、原豊前は呪い殺されてしまった、というのである。

何ともすさまじい話だが、中世社会ではありふれた事件に属する。しかしここから以下のことが明らかになる。

まず大野郷の内部には尊光院の神領である西村があり、その信仰が日蓮宗一辺倒ではない点である。

おそらくその存在が邪魔で、原豊前と家臣がこれに圧力をかけた、というのが事の発端であろう。この原豊前が大野郷の領主原氏であることは明らかであろう。

「石ね弟」は家臣といっても村の地侍でその手勢は百姓らである。つまりこの争いの実態は地侍・百姓ら同士の争いであり、そこに領主原氏と地方の有力寺社の思惑がからんだ村の紛争であったのである。

そして原豊前はその所持する坊に神輿を入れられ、神の呪詛により死んでしまう。この豊前坊がのちの本光寺となるのである。原氏の拠点である日蓮宗の坊に対して、尊光院は神の名において乱入し示威行為を行ったのであり、ある種の宗教紛争であったことにもなる。豊前坊は原方の家臣・百姓らにとっても拠点であったことが、ここから明らかになる。

侍・殿原と百姓

西村の百姓は地主で嶋田という名字をもっていた。「石ね弟」も含めて、彼らは戦国の郷村を主導した村の侍たちである。戦国の平百姓らの力はまだ弱く、侍や領主の力に依存する体質をもっていた。

大野の事例では一六世紀半ばのこととして、次のようなものも記録されている。

大野の百姓三郎二郎が、継子《ままこ》が犯した罪で小金《こがね》の領主高城氏に捕縛された。尊光院の側では高城氏に抗議するが、継子が逃げたので逆に強制的な詮索《せんさく》を受けてしまった。

しかし三郎二郎は緊縛されたままなので、尊光院の僧や神主は、大野の殿原衆と近隣の悪党らを語らい、妙見菩薩の霊験もありこれを取り返した、という。

ここでいう「殿原」も村の有力な侍の意味であり、さらに近隣の悪党も同様であった。近くの宮窪《みやくぼ》（宮久保）にも「十一騎の士」と呼ばれる侍がいた。

戦国の東国郷村社会とは、彼らに主導され、郷村を越えた彼らの連帯により、その秩序が維持されるような社会であったのである。彼らこそ、飢饉と災害の時代を生き抜くために社会が生み出した申し子である。戦国仏教の真の受容者こそ、彼らであった。

身構えた寺

このような紛争が日常的な戦国期においては、寺も身構える必要があった。豊前坊や多門坊は領主の武力に保護された存在であり、それゆえ非常時には、郷民の避難所としての機能もあったに違いない。尊光院はそこをついたのであろう。

一般に戦国期の寺院は銭を出して大名の制札を買い、その乱暴を未然に防ぐという方策も行っていた。そして次の事例は、日蓮宗の寺院そのものが城に囲い込まれている事例である。

江戸湾に面した下総の湊浜野《はまの》（現千葉市中央区浜野町）には、本行寺《ほんぎょうじ》がある。この寺は顕本法華宗で日泰により文明年間（一四六九～八七）に創建されたという。そして永正六年（一五〇九）に連歌師宗長《そうちょう》がこの地の原氏の館を訪ねており、本行寺に宿をとっている。

やがて浜野湊には、戦国盛期になると城郭が設置される。湊城（海城）である。図にみるように、その際、本行寺は周囲に堀を廻《めぐ》らされ、城郭のなかに取り込まれることになる。寺の周囲には町場も形成され、まさに小規模な戦国城下町を形成していたが、その中核に寺院があったのである。

原氏の後は、小弓《おゆみ》公方足利義明や酒井氏、北条氏の拠点的な湊として重視されるが、本行寺に残された文書によると、元亀年間（一五七〇～七三）に北条氏の制札が下されている。それは「御寺内往還の衆」の乱暴狼藉を防止するためのものであった。本行寺は湊城のなかにあって、多くの人々の往還にさらされる寺院であったことになる。

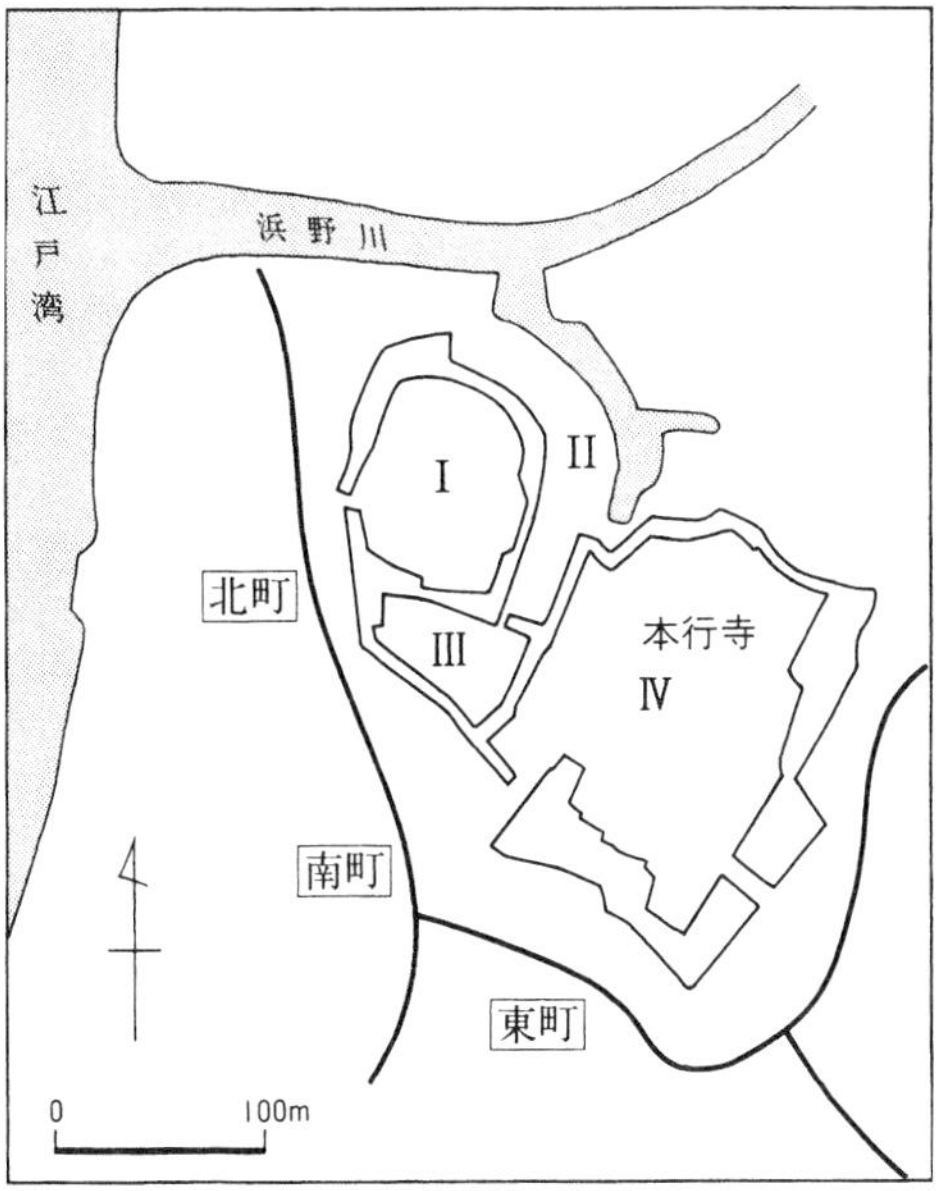

浜野湊と本行寺
（簗瀬裕一氏作成の図に加筆）

西国でも戦国期になると、摂津尼崎の本興寺《ほんこうじ》のように、要塞化し、本願寺の寺内町と同様なものとなる日蓮宗寺院もある。本行寺の場合も軍事的な緊張が城との一体化を促したことは明らかであろう。こうした「身構えた寺」のあり方にも、戦国の寺院の性格があらわれているといえるのである。

湊町の寺と墓——西国

瀬戸内の湊町牛窓

東国の寺院ばかりをみてきたので、最後に西国の湊町の寺院を訪れることにしよう。西国の法華宗が京を拠点に、堺—尼崎から伸びる瀬戸内海航路に乗って教線を延ばしていたことはすでにみた。ここではその一つである備前国牛窓《うしまど》の本蓮寺《ほんれんじ》（現岡山県瀬戸内市）を取り上げてみる。本蓮寺は京の本能寺、尼崎本興寺を開いた日隆により一五世紀半ば以降に建立された寺院である。

牛窓は古代以来の瀬戸内海屈指の要港として発展を遂げていた。瀬戸内海を押さえた平氏の時代には平清盛の宿所があり、室町時代には厳島参詣のために足利義満が宿泊している。日隆は瀬戸内に積極的に布教に乗り出し、堺に顕本寺《けんぽんじ》、四国の讃岐宇多津に本妙寺《ほんみょうじ》、さらに尾道に妙宣寺《みょうせんじ》を開いている。そして牛窓には本蓮寺を建立したのである。これらはまさに瀬戸内海航路における拠点そのものである。

このうち宇多津は四国有数の湊で、讃岐守護細川氏の守護所推定地である青ノ山の山麓に、寺社が林立しており、本妙寺もその一角にある。室町期の宇多津は守護代安富氏の管理下におかれ、本妙寺には諸課役の免除がなされており、政治的にも重要な寺院であった。

しかし、牛窓の本蓮寺においては、こうした権力の介入は確認できない。むしろその原動力は、この航路で活躍した商人ら有徳人の財力だった。牛窓湊では同時期、石原氏という有徳人があらわれる。石原氏と日隆の出会いにより本蓮寺は誕生したのであった。

そして本蓮寺は豊富な史料に恵まれているのも大きな魅力である。前章で日本海航路の要港若狭小浜の長源寺を取り上げたが、それにもまして関係史料がある。

それらによれば、石原氏はもとより、その他の地域住民の姿が窺え、どのように寺院が定着してゆくかがよくわかる。その際に重要なキーワードとなるのは追善と墓地の経営である。

瀬戸内は気候も温暖で早くから開発が進展し、流通が活発な地域である。このような豊かな地域で、法華宗がいかに定着するのかをみるには格好の材料といえる。豪壮な有徳人たちの力が、どのように地域に還元されてゆくのか、を追求してみよう。

備前国牛窓湊の本蓮寺を訪ねて

まずは早速、牛窓本蓮寺を訪ねてみよう。

牛窓は瀬戸内海に突き出た東備前の西端にある。牛窓庄は石清水八幡宮《いわしみずはちまんぐう》の別宮として保元《ほうげん》年間（一一五六〜五九）にみえる牛窓別宮がもとになって成立した荘園で、別宮は東側の山腹にある牛窓神社に比定される。石清水の別宮は、その寄人《よりうど》である神人《じにん》の交易と水運に関わって勧請されたものと推測されている。

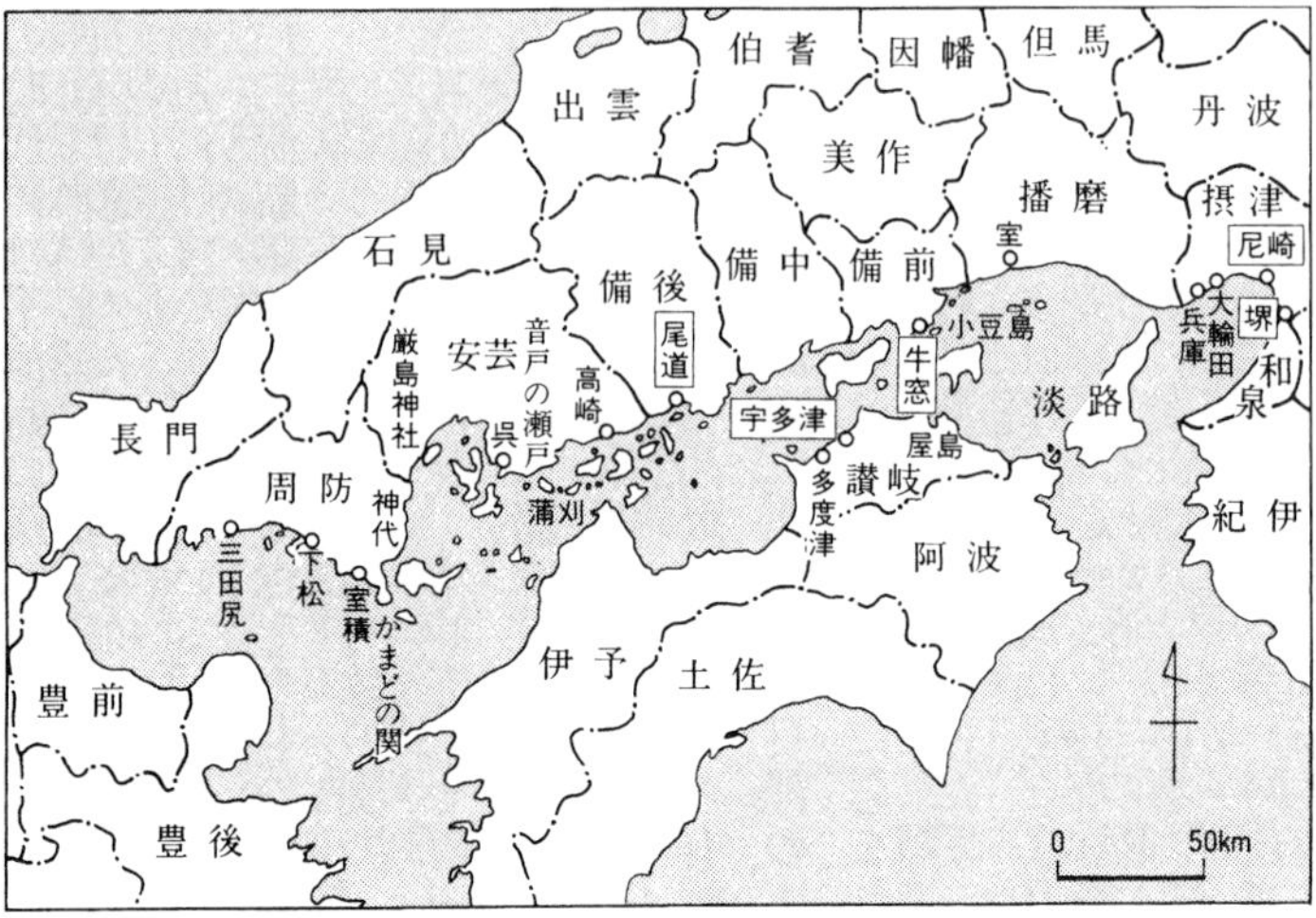

牛窓湊の位置

本蓮寺はその牛窓の関町にあるが、そこは湊をみおろす小高い丘の中腹で眼下に湊と町が広がる絶好のロケーションといってよい。現在、国の重要文化財となっている本蓮寺の本堂、番神堂《ばんじんどう》、中門などはいずれも一五世紀の末には整えられている。その偉容は、牛窓湊からもはるかに印象的に望めたものであろう。

牛窓湊はのちにみる『兵庫北関《きたぜき》入船納帳』によるとさらに分節された湊のようで、牛窓の船の船籍には「泊」・「関」・「あい（綾）」の三区分があった。「関」は関町、中世史料では関浦《せきのうら》、「あい（綾）」は綾浦《あやうら》（中世も同じ）、「泊」は現在の中浦《なかうら》、中世では吉田《よしだ》村のあったあたりと推測できる。単に「泊」とされる湊の中心地から東西に「浦」があったのである。康応《こうおう》元年（一三八九）、足利義満が牛窓に一泊した夜は暴風となり、一行の船舶を「泊」からやや東に移動させたという。東とは関浦のことであろう。牛窓は天候に応じて待避場所となるような湊の分化が認められるのである。本蓮寺が成立した一五世紀半ば頃には、中浦（吉田村）に湊町も形成されていた模様である。

有徳人石原氏

本蓮寺に残る文書《もんじょ》は、売券や寄進状など寺への物件の移動に関わるものが大半だが、文明元年（一四六九）には綾浦住人として石原新二郎なる人物が確認できる。新二郎は「綾浦殿」とも呼ばれている。これ以前の応永から宝徳年間（一三九四～一四五二）にかけての何通かの直接寺へ充てられたのではない売券類に、綾浦某や綾浦住人を名乗る人物が確認できる。彼らは綾浦在住の石原一族かそれに非常に近しい人物である可能性が高い。

しかし石原氏と日隆の最初の明確な接点は意外なところにある。本蓮寺には建武二年（一三三五）の京の妙顕寺日像の本尊が伝来しているが、そこにこの本尊の「牛窓住人」石原妙道による相伝を認める日隆の極《きわ》め書が添付されているのである。

寺伝によればこの妙道こそ本蓮寺の伽藍堂舎を整備した人物と伝えられる。

また、ここから日隆以前、かつて妙顕寺の二世である大覚がはじめて牛窓に日蓮宗を伝えたという説や、大覚が弟子の日暁を改めて牛窓に遣わしたり、その跡を継いで石原氏出身の日澄が本蓮寺を興隆させた、という所伝が生まれているが、いまのところいずれも確証を得た事実とはいえない。

ここでは『牛窓町史　通史編』が指摘する以下のような事実に注目したい。それは嘉吉二年（一四四二）、備後国世羅《せら》郡大田庄《おおたのしょう》（現広島県世羅郡世羅町）の年貢を運ぶ船の持ち主としてみえる「いしわら道幸」と石原妙道の関係である。

本蓮寺の由緒書によると、妙道は道幸の法名とみえており、両者は同一人物である、というのである。つまり石原氏はまさに瀬戸内海で船を所持して運送に携わる商人ということになる。

この嘉吉二年からわずか三年しか隔たらない文安二年（一四四五）、兵庫関（現神戸市兵庫区に置かれた関）の年間の入船記録である『兵庫北関入船納帳』が残されており、瀬戸内海の船舶による兵庫関への入船の状況と物流の有様が明らかになる。

これによると入港した船は地元兵庫についで牛窓のものが多かった。積荷は塩・米・麦・海産物が主で、唐船もあり、人船（旅客船）もあった。また、牛窓の船は備前守護山名《やまな》氏の米を在京する当主のために運んでもいた。つまり牛窓の船はきわめて重要なものだったのである。

そしておそらく、その主要な船主として石原氏がいたのである。ちなみに足利義満が牛窓に逗留した康応元年には石原氏はまったく姿をみせないことから、彼はまさに一五世紀に急成長した新興の有徳人だったのであろう。その石原氏を大檀那として建立されたのが本蓮寺だったのである。

牛窓法華堂から本蓮寺へ

宝徳二年（一四五〇）になると、牛窓に法華堂の姿が確認されるようになる。そしてこの頃から石原左京亮惟俊や石原八郎浄珍といった石原一族の名が史料にもみえるようになる。

また日隆の曼荼羅本尊も永享一二年（一四四〇）・宝徳三年（一四五一）の年号をもつものが残っており、後者は日澄に充てられたものといわれている。そして長禄二年（一四五八）、日隆は「本蓮寺」の寺号を法華堂に授与している。ここに本蓮寺が成立したことになろう。

しかし寺蔵の史料によると、その後も本蓮寺は「関浦法華堂」「牛窓浦法華堂」のように法華堂といわれている。これはさきの東国の大野郷の「たまんぼう（多門坊）」のように、地域に密着した堂宇であることを意味していよう。しかし文明一七年（一四八五）以後はほぼ本蓮寺という呼称に統一されるようである。

地域金融と寄進・買得

本蓮寺の文書は、正安《しょうあん》二年（一三〇〇）の土地売券から存在するが、当初は、直接寺に充てられたものではない。中世の売券には「手継《てつぎ》証文」といって過去の土地売券や証文が付属している場合があり、本蓮寺の場合もこれに該当するものも多い。しかしすべてがそうとも限らず、判断がつきがたいものもある。

この場合、さきにふれた綾浦殿へ充てたものも含め、石原氏が本来所有していた売券と土地が、その後本蓮寺と一体化した、と考えることもできるだろう。

応仁・文明以後になると、本蓮寺に充てられる売券・寄進状が多くなるが、それと並行して、石原氏に充てたものも存在するからである。つまり石原氏と本蓮寺は菩提寺と大檀那としてはもちろん、その土地所有や経営についても密接な関係をもっていたのである。

石原氏による土地の買得の資金は、彼が海運業で得たものに違いない。また本蓮寺の場合も、土地の寄進という宗教的な目的はもちろんあるが、なかには代価を払っての取得もあり得たろうことは、一般の中世寺院の事例からも明らかである。

そして興味深いのは、石原氏、本蓮寺いずれもが、金融業を営んでいることである。これらの資本も、当然ながら石原氏が海運業で得た富が投下されていたのだろう。つまり本蓮寺に蓄積された土地売券類は、石原氏の資産運用を意味するものでもあった。綾浦に基盤をもつ石原氏は、こうした方法で、関浦方面へ発展していった。本蓮寺はその象徴でもあったのである。

こうしたアプローチは石原氏だけではなかった。文明一〇年（一四七八）、道見宗吉なる人物が第三者から法華堂の東に隣接する土地を買得し、時日を置かず法華堂（本蓮寺）に売却している。これは法華堂が敷地を拡張するための意図的な売買だろうが、この道見という人物も、『兵庫北関入船納帳』にみえる船頭であった。文安二年（一四四五）に七回、小豆島《しょうどしま》の塩などを大型船で運んでいることから、かなりの船頭である。法華堂へ売却を行った道見は、年代からしてこの船頭の一族であろう。売却だが、道見が法華堂（本蓮寺）と密接な関係をもっていたのは確かである。

有徳人らは流通などで得た資金を地域に投下し、金融を通じて土地などを集積し、また堂や寺院を建立し、そこを拠点としていたのである。これは東国品川の鈴木道胤などとまったく同じであった。

有徳人を越えて──住民の帰依

しかしこうした金融活動は、地域住民の圧迫となるばかりではなかった。

文明八年（一四七六）、栢植経《つげ》光と長原盛重という人物が連名で屋敷畠を法華堂に売却しているが、年未詳の本蓮寺へ充てた二人の書状が残っている。それらによると、彼らは寺への借金をさまざま申し入れている。

栢植は「山崎」へ出立するため二貫文の銭の秘計《ひけい》（調達）を依頼しているが、調達が叶《かな》わないと出立することができないと泣きついている。

長原は先立っての借銭の残額を問い合わせ、その猶予を懇願している。だが彼はその一方で、今回の戦争で討ち死にした親と、自分のために田三段を寺に寄進するといっている。

当座の物いりのための無心であることや、彼らの親密そうな書状の文面からいえるのは、この借金が一方的なドライなものではないことである。

本蓮寺の金融は結果的に土地を集めることにもなるが、地域の人々の当座の金銭を用立てる役割も負っていたのであろう。だからこそ、身内の回向のための田を寄進する、という行為などもともなっていたのである。ただこの寄進が借銭の事実上の充当とされることも十分ありうるが。

以後こうした本蓮寺の役割・機能はさらに展開してくる。たとえば文明一四年（一四八二）から翌年にかけて、吉田村の人たちは、法華堂（本蓮寺）に次々と屋敷畠地を寄進・売却している。これらの土地は、吉田村の紺屋内の清信女が信心を寄せて権利を買い集め、寄進した模様である。

この吉田の地は、現在の中浦、中世の「泊」に該当し、紺屋や酒屋もあり、牛窓の中心地として町場を形成していた地である。

この地はじつに本蓮寺の北西に連なる地であり、この寄進は関浦の法華堂が西に拡張するための橋《きょう》頭堡《とうほ》の意味があったものであろう。この時期が、法華堂から本蓮寺への寺号の定着と一致しているのは偶然ではないだろう。本蓮寺は吉田村の人々の帰依を受けることで自立を果たしていったのではないだろうか。

湊の住人と本蓮寺

現在の牛窓の湊町を歩くと、町の家々の軒先に護符が貼られている。それは「牛玉宝印《ごおうほういん》」と呼ばれる中世の護符（お守り）の系譜を引くものである。

牛窓には西に金剛頂寺、東に妙福寺という顕密系の寺院があり、それぞれがこの護符を出しており、檀那である家の軒先に貼られている。興味深いことに、本蓮寺の「牛玉宝印」も同様に軒先に掲げられているのである。明治時代の本蓮寺の「明細書上」によれば、正月に「年初牛王札」が「檀中軒別」に配布されているとあるので、これは、それ以前からの風習であることが理解される。

通常、「牛玉宝印」は、主に中世の顕密寺院の修正会など新春の祭りの場において造られ配布されていたもので、起《き》請文《しようもん》の用紙によく用いられていた。つまり本来、こうした護符は顕密系の寺院において配布されるものなのである。それを法華宗の寺院である本蓮寺が、配っていることはきわめて興味深い。

軒先に貼られた護符

それは一つには、ここに顕密寺院の祈禱・修法との融合が見られることであり、そしてさらには、そのことで本蓮寺がまさに牛窓の住民の秩序と安寧を護る役割を担っていることを如実に示しているからである。さきに淡路国の妙京寺において、さまざまな「御祈禱札」が配られていたことをみたが、妙京寺でも正月一三日に「牛玉書《ごおうがき》法会」が行われていた。そこでは全信徒が集まり招福攘災《しようふくじようさい》の祈念祈禱が行われた上で、祈禱札が配布されたという。おそらく本蓮寺の場合もこれと共通する行事が行われていたのであろう。そこに牛窓湊の住民の中に確実に根を下ろした法華宗の姿をみることができるのである。

追善供養の浸透

地域の住民の帰依と並行して、目立ってくるのは死後の追善供養を本蓮寺に依頼する動向である。さきの吉田の清信女の場合も「身つからの霊供免《りようぐめん》として」寄進が行われた。この場合は自らの死後の追善を本蓮寺に依頼しているのである。

この年以後、同じように自身や父母や親類・関係者への霊供免として本蓮寺に土地を寄せることが目立ってくる。

それは石原氏に限られたものではなかった。吉田の人々をはじめ、馬場氏や神谷氏といった人たちが霊供＝追善供養（死者の冥福を祈ってする供養）を求めて本蓮寺に帰依するようになってきたのである。

かつては貴族や武士の家で営まれるにすぎなかった追善供養が、地域住民に受容されるようになるのは、一五世紀末頃といわれており、各宗派は競って、追善供養をいわば武器にして、地域に布教を行っていったのである。その動向が明確に本蓮寺には窺える。

その前提には、それぞれ代々の先祖の菩提を弔おうとする、住民層の継続する家の意識の成立がある。その画期を戦国仏教は見逃さなかったのである。

こうした檀那層の広がりを背景に、明応元年（一四九二）以後、本堂と番神堂の建立が企図される。本堂の墨書には「当住持蓮像院日澄・本願檀那石原修理亮伊俊　幷《ならびに》諸檀那方男女之勧進奉加在之《これあり》」とあり、同九年（一五〇〇）の番神堂天井の墨書にも奉行衆や衆中というたくさんの関係者の名をみることができる。ここに多くの地域住民に支えられる寺院としての本蓮寺が成立したのである。

墓地に響く読経の声

そして本蓮寺の場合、同時に敷地内の墓地開設が行われている。

明応五年（一四九六）に本蓮寺が所有していた「天神灯油免」という土地について、次のような記載がある。「一所五十文　元ハ道了作　今ハはかやしき」。これは、元は作人のいる土地（おそらくは畠）であったものが、この時点では「墓屋敷」と呼ばれるものに変化していることを示している。

さらに明応九年（一五〇〇）に関浦の四郎兵衛が運寿へ充てた土地売券には、次のような石原伊俊の裏書がある。「只今御寺之西ノ上御墓屋敷畠事、運寿買徳候て本蓮寺へ寄進被申候也　文亀弐四月弐日　伊俊」。これは、表の土地に加えて、文亀二年（一五〇二）の時点で同じ運寿（伊俊の母と推測されている）が表記の土地を寺へ寄進したことを意味するのであろう。したがって前の土地とこの上地は別のものである。

この「墓屋敷畠」とは、今後墓にする予定の畠という意味で、まさしく墓地を意味しよう。とすれば前の「墓屋敷」も同様である。

「御寺之西ノ上」とは、本蓮寺の墓域がある本堂の北側（字「本蓮寺上」）から、さらにやや西に連なる地（字「本蓮寺北」）を意味するのではあるまいか（次頁図）。現在でもこの地は墓域であり、古い

牛窓湊字図（『牛窓町史　通史編』をもとに作成）

五輪塔なども確認できることから、これはほぼまちがいない。

このように、霊供免田の設定に併せて、墓域が寺域の北西に開設されつつあったことを確かめることができるのである。元来、中世の墓域は見晴らしの良い「勝地《しょうち》」（形勝の地のこと）に設置されることが多い。この湊をみおろす小高い丘、しかも頼みとする寺院に隣接した地はまさに格好の「勝地」であることは疑いない。この墓地には、本堂で唱えられる法華宗僧侶の日々の読経の声が鳴り響いていたに違いない。その姿は、地域住民の魂魄《こんぱく》と来世を管理することによって、地域にしっかりと根をおろした戦国仏教の一つの典型的なあり方であったのである。

戦国仏教の誕生

東西の各地域の日蓮宗の動向、寺院と地域の関係のあり方、そしてその変化を追うことでそれが地域に定着してゆく有様をみてきた。

苛酷な環境や戦争の最中にある地域では、仏教と寺院が地域の核として地域住民の文字どおりの拠り所として確かに定着していた。

また、温暖で流通が活発な比較的豊かな土地では、富裕な有徳人の手を離れてより広い住民層の帰依を求め、寺院が着実に地域に定着していったことを確かめることができた。いずれも一五世紀の半ばから後半にかけて、列島の東西で起こっていたことであった。

こうした事実を、日蓮宗という戦国仏教が日蓮以来の出世間主義を越えて、地域に開かれた存在として受け入れられたしるしとみてみたい。ここに戦国仏教は誕生したのである。

しかし、それはまだ弱さをもつ赤子であった。それは戦国の百年を経て、近世の檀家制度《だんかせいど》に取り込まれ、檀家制度の制定により江戸幕府の民衆教化の一端を担わされる。しかし、その代わり、さらに広く深い庶民的な基盤を整えてゆくのである。それを描くためには、村や町の成熟とその転換のみならず、宗教と国家の問題も視野に入れねばならない。

また、室町から戦国期の日蓮宗の教学的な理念と現実社会との葛藤《かっとう》についても考察が必要であるが、ほとんどふれることができなかった。私の力量もあるが、この方面の研究が進展していないことも大きな理由である。

今後はこうした点を追求しながら、ようやく呱々《ここ》の声をあげはじめた戦国仏教のゆくえについても考えてゆく必要があるが、それらはもはや本書の課題を越えている。ひとまずは筆を擱《お》き、他日を期すことにしよう。

あとがき

名もない人々の歴史こそ、本当の歴史である。

日本史の勉強をはじめたばかりの頃、私が先学の仕事から鮮烈に受け取ったメッセージはこのことだった。最近の歴史書がとかく大文字でばかり書かれるのを見るにつけ、私はいいものを先学から頂戴したと思っている。不透明なこんな時代には、身近なもの、小さなものから社会や歴史を考えることができる人が一人でも多くなってほしい。本書の執筆の動機を心底に探せば、そういうところに行き着くような気がする。

私の仕事は、地域社会の事実に新たな光をあて、日本の中世社会の特質を追求することだと思っているが、その際、宗教に寄せる中世の人々の熱い眼差しを避けて通ることはできない。地域に残る歴史の痕跡には、神仏にこと寄せて中世人の遺したものが本当に多いからである。

その痕跡をさまざまな手法を用いて執拗に追い求め、中世の名もない人々がどのようにして宗教を受容したのか、そのことにはどのような意味があるのか。日蓮宗（法華宗）の展開の叙述を通じて、私が明らかにしたいと願ったことはこのことである。その方法は地域社会史とでもいえるものであり、前著『中世東国の地域社会史』（岩田書院、二〇〇五年）の基本的なモチーフでもある。

しかし、こうした想いのもとに書かれた本書が、成功しているかどうかは、また別の話である。この点については、読者の皆さんの判断にゆだねるしかないだろう。

それにしても、私は人後に落ちない新書フリークを自認しているが、その私の本が新書の書籍売り場に並ぶことは、とても嬉しい。しかし同時に不安でもある。しかも伝統ある中公新書の一冊に加わることを考えるとなおさらである。

数ある名著のなかでも、私が特に好きなものは堀米庸三『正統と異端』である。あの本の独特の緊張感と透徹した叙述に惹かれ、何度読みなおしたかわからない。もちろん比ぶべくもないが、本書が堀米氏が対象とした歴史における宗教と社会の葛藤、というテーマに関わるものを扱えたことも、とても嬉しいことの一つであった。

中公新書への執筆を促してくださったのは藤木久志先生である。もう四年以上も前になる。この間、テーマを決めかねて、執筆が進まなかったのはひとえに私の怠慢による。藤木先生には感謝とともにお詫びを申し上げねばならない。中世社会の実態に深く切り込む先生の鋭い眼差しに、果たして本書は耐えられるだろうか。この点はとても不安でならない。

当初、本書の構想を相談させていただいたのは、中央公論新社の小野一雄氏である。これも私の好きな中公新書である、神野直彦『地域再生の経済学』の編集者が小野氏であると知った時は嬉しかった。本書の構想には小野氏の助言の力がとても大きい。小野氏にも感謝申し上げたい。部署を移られた小野氏の後は、高橋真理子氏が担当の編集者として伴走をしてくれた。高橋氏も万端抜かりなく、内容や叙述に的確な助言を惜しまれず、最後まで諸事を円滑に運んでくださった。高橋氏にも感謝申し上げたい。

また、図版の作成や丁寧な校正に多くの方のお世話になり、写真の取得についても関係各位のご高配に与ったが、特に馬淵和雄・根岸英之両氏の手を煩わせた。ともども感謝申し上げる。

ところで、いわゆる宗門の人間でもない私が、日蓮宗の歴史を書くことについては、それなりの葛藤があった。しかし、あくまで中世の重要な社会現象の一つとして扱えたら、在家の人間の書くものにも、一つの視点が生まれるのではないか、との思いから執筆に踏み切ったことを記しておきたい。

当然、多くの先学の厖大な業績に依拠させていただいている。最新の業績を参照させていただいた点も少なくない。巻末の「参考文献」には不可欠のものを掲載させていただいたが、新書という本の性格上、本文では先学のお名前と業績の紹介は必要最小限にとどめざるをえなかった。研究者の方々にはお礼申し上げるとともに、どうかこの点をお汲み取りいただき、ご理解くだされば幸いである。

本書は私にとって三冊目の著書であるが、一般の読者に発信するものとしては初めてのものである。ようやくここまで来たか、という感がある。叙述が若干固く、くだけた記事も少ないが、より多くの人に手にとってもらえたら嬉しい。今後は歴史学の面白さをわかりやすく伝えることができる著作にもっとトライできたら、とも考えている。

こうして、本書は刊行される。今後の精進を胸に刻み、また歩んでゆくことにしよう。

二〇〇八年　師走の頃

湯浅治久

参考文献

全体に関して

『千葉県の歴史　通史編中世』（千葉県、二〇〇七年）
藤木久志『飢餓と戦争の戦国を行く』（朝日新聞社、二〇〇一年）
同　　編『日本中世気象災害年表稿』（高志書院、二〇〇七年）
日蓮宗宗務院編『日蓮宗事典』（東京堂出版、一九八一年）
湯浅治久『中世東国の地域社会史』（岩田書院、二〇〇五年）
立正大学日蓮教学研究所編『日蓮教団全史　上』（平楽寺書店、一九六四年）

第1章

黒田俊雄『日本中世の国家と宗教』（岩波書店、一九七五年）
佐藤弘夫『日本中世の国家と仏教』（吉川弘文館、一九八七年）
同　　『レグルス文庫　鎌倉仏教』（第三文明社、一九九四年）
平　雅行『親鸞とその時代』（法蔵館、二〇〇一年）
藤井　学『法華文化の展開』（法蔵館、二〇〇二年）

第2章

石井　進『石井進著作集　第九巻　中世都市を語る』（岩波書店、二〇〇五年）
五味文彦編『交流・物流・越境　中世都市研究11』（新人物往来社、二〇〇五年）
五味文彦・齋木秀雄編『中世都市鎌倉と死の世界』（高志書院、二〇〇二年）
五味文彦・馬淵和雄編『中世都市鎌倉の実像と境界』（高志書院、二〇〇四年）
佐藤弘夫『ミネルヴァ日本評伝選　日蓮』（ミネルヴァ書房、二〇〇三年）
同　『日蓮「立正安国論」全訳注』（講談社学術文庫、二〇〇八年）
関　周一「海事史料としての日蓮書状」（『鎌倉遺文研究Ⅲ　鎌倉期社会と史料論』東京堂出版、二〇〇二年）
高木　豊『日蓮とその門弟』（弘文堂、一九六五年）
同　「鎌倉名越の日蓮の周辺」（『金澤文庫研究』二七二、一九八四年）
同　「日蓮」「日蓮宗」（『国史大辞典』11、吉川弘文館、一九九〇年）
同　『増補　日蓮――その行動と思想』（太田出版、二〇〇二年）
田村憲美『在地論の射程』（校倉書房、二〇〇一年）
『千葉県の歴史　資料編中世2（県内文書1）』（千葉県、一九九七年）
『中世法制史料集第一巻　鎌倉幕府法』（岩波書店、一九五五年）
馬淵和雄『鎌倉大仏の中世史』（新人物往来社、一九九八年）
立正大学日蓮教学研究所編『改訂増補　昭和定本日蓮聖人遺文』（総本山身延久遠寺、二〇〇〇年）

第3章

網野善彦『海と列島の中世』（講談社学術文庫、二〇〇三年）
池浦泰憲「南北朝内乱期の祈禱寺」（『ヒストリア』一九二、二〇〇四年）
坂井法曄「道郷論争と大石寺東坊地の係争」（『興風』一三、二〇〇〇年）
桜井英治『日本中世の経済構造』（岩波書店、一九九六年）
佐藤博信『中世東国日蓮宗寺院の研究』（東京大学出版会、二〇〇三年）
同　『中世東国政治史論』（塙書房、二〇〇六年）
『静岡県史　通史編2　中世』（静岡県、一九九七年）
菅原関道「北山本門寺文書『実相寺衆徒等愁状写』考」（『興風』一八、二〇〇六年）
『図説　かなざわの歴史』（金沢区制五十周年記念事業実行委員会、二〇〇一年）
高木　豊「日蓮の思想の継承と変容」（『日本思想大系一四　日蓮』岩波書店、一九七〇年）
寺尾英智『日蓮聖人真蹟の形態と伝来』（雄山閣出版、一九九九年）
中尾　堯『日蓮宗の成立と展開』（吉川弘文館、一九七三年）
西岡芳文「港湾都市六浦と鎌倉」（五味文彦・馬淵和雄編『中世都市鎌倉の実像と境界』高志書院、二〇〇四年）
同　「初期真宗へのタイム・トリップ」（『日本の美術』四八八、二〇〇七年）
村井章介編『日本の時代史10　南北朝の動乱』（吉川弘文館、二〇〇三年）

第4章

榎原雅治編『日本の時代史11　一揆の時代』（吉川弘文館、二〇〇三年）
小国浩寿「上総本一揆の大将埴谷氏」（『千葉県史のしおり　第一二回』千葉県、二〇〇七年）
笠松宏至『法と言葉の中世史』（平凡社、一九八四年）
阪田正一『題目板碑とその周辺』（雄山閣、二〇〇八年）
佐々木銀弥『日本の歴史13　室町幕府』（小学館、一九七五年）
佐藤博信「有徳人鈴木道胤と鎌倉との関係をめぐって」（『続中世東国の支配構造』思文閣出版、一九九六年）
『週刊朝日百科　仏教を歩く24　日親と『日蓮信仰』』（朝日新聞社、二〇〇四年）
『大日本史料第八編之二十三』（長享二年九月十七日条〈本法寺日親寂ス〉）』（東京大学出版会、一九六〇年）
圭室諦成『葬式仏教』（大法輪閣、一九六三年）
寺尾英智・北村行遠編『日本の名僧14　反骨の導師　日親・日奥』（吉川弘文館、二〇〇四年）
中尾　堯『日本人の行動と思想15　日親――その行動と思想』（評論社、一九七一年）
山田邦明「犬懸上杉氏の政治的位置」（『千葉県史研究』一一、二〇〇三年）

第5章

糸久宝賢『京都日蓮教団門流史の研究』（平楽寺書店、一九九〇年）
今谷　明『天文法華の乱』（平凡社、一九八九年）
『大田区史　資料編　寺社1』（東京都大田区、一九八一年）

『同　寺社2』（東京都大田区、一九八三年）
葛飾区郷土と天文の博物館編『鎌倉幕府と葛西氏』（名著出版、二〇〇四年）
河内将芳『中世京都の民衆と社会』（思文閣出版、二〇〇〇年）
清田義英『中世寺院法史の研究』（敬文堂、一九九五年）
『中世法制史料集　第四巻　武家家法Ⅱ』（岩波書店、一九九八年）
『中世法制史料集　第五巻　武家家法Ⅲ』（岩波書店、二〇〇一年）
『中世法制史料集　第六巻　公家法・公家家法・寺社法』（岩波書店、二〇〇五年）
『長源寺史』（向嶋山長源寺、一九八三年）
都守基一「永禄の規約をめぐる中世日蓮教団の動向」（『興風』一八、二〇〇六年）
『日本思想大系二一　中世政治社会思想　上』（岩波書店、一九七二年）
林　文理「戦国期若狭武田氏と寺社」（有光友學編『戦国期権力と地域社会』吉川弘文館、一九八六年）
藤井譲治「戦国時代の加地子得文」（『赤松俊秀教授退官記念国史論集』文功社、一九七二年）
藤井　学「西国を中心とした室町期法華教団の発展」（『仏教史学』六―一、一九五七年）
吉井克信「戦国期若狭小浜と真宗」（吉井敏幸・百瀬正恒編『中世の都市と寺院』高志書院、二〇〇五年）

第6章

『牛窓町史　史料編』（牛窓町、一九九七年）
『牛窓町史　通史編』（牛窓町、二〇〇一年）
『海に開かれた都市　高松――港湾都市９００年のあゆみ』（香川県歴史博物館、二〇〇七年）

小川　信「讃岐の港湾都市と両守護代の海運掌握」（『中世都市「府中」の展開』思文閣出版、二〇〇一年）
勝俣鎮夫「戦国時代の村の民俗」（『日本の中世月報9』中央公論新社、二〇〇二年）
同「庶民の生活と災害の頻発」（『山梨県史通史編2　中世』山梨県、二〇〇七年）
唐木裕志「中世後期・近世初頭における讃岐の法華宗の展開について（上）（下）」（『香川の歴史』三・四、一九八三・八四年）
河上順光編『本土寺物語』（本山本土寺、二〇〇四年）
神田千里『日本の中世11　戦国乱世を生きる力』（中央公論新社、二〇〇二年）
小泉みち子「市川市所在の庚申塔について」（『平成12年度　市立市川歴史博物館館報』同館、二〇〇二年）
『牛玉宝印――祈りと誓いの呪符』（町田市立博物館、一九九一年）
桜井徳太郎『民間信仰』（塙書房、一九六六年）
笹本正治『災害文化史の研究』（高志書院、二〇〇三年）
同『実録・戦国時代の民衆たち　歴史の闇に消えた』（一草舎出版、二〇〇六年）
『史実と伝説の中世市川』（市立市川歴史博物館、二〇〇〇年）
『静岡県史別編2　自然災害誌』（静岡県、一九九六年）
末柄　豊「『勝山記』あるいは『妙法寺記』の成立」（『山梨県史研究』三、一九九五年）
高田陽介「寺請制以前の地域菩提寺とその檀家」（勝俣鎮夫編『中世人の生活世界』山川出版社、一九九六年）
田村憲美『日本中世村落形成史の研究』（校倉書房、一九九四年）

『千葉県史料中世編　本土寺過去帳』（千葉県、一九八二年）
中尾　堯『ご真蹟にふれる』（日蓮宗新聞社、一九九四年）
中島圭一「撰銭再考」（小野正敏・五味文彦・萩原三雄編『モノとココロの資料学』高志書院、二〇〇五年）
中田利枝子「湊町牛窓と本蓮寺」（『岡山県立博物館研究報告』一七、一九九六年）
堀内　真「富士に集う心」（網野善彦・石井進編『中世の風景を読む　第3巻　境界と鄙に生きる人々』新人物往来社、一九九五年）
森田洋平「『本土寺過去帳』の実態と『田村論考』」（『季刊　中世の東国・春』一二、一九八七年）
同　編『本土寺過去帳年表』（我孫子市、一九八五年）
同　編『本土寺過去帳地名総覧（上）・（下）』（我孫子市、一九八七年）
簗瀬裕一「小弓公方足利義明の御座所と生実・浜野の中世城郭」（『千葉城郭研究』六、二〇〇〇年）
『山梨県史資料編6　中世3上　県内記録』（山梨県、二〇〇一年）
『山梨県史資料編6　中世3下　県外記録』（山梨県、二〇〇二年）
脇田　修『日本近世都市史の研究』（東京大学出版会、一九九四年）

補論　「戦国仏教」の成立に寄せて

1

本書は二〇〇九年一月に中公新書の一冊として上梓したものを、復刊したものである。
書名となった「戦国仏教」という言葉は、それまではあまり耳目にふれないものだったと記憶する。そのためか、内容よりもそのタイトルが独り歩きしたようで、「戦国」＝大名たちの覇権争い、のイメージにより、戦国大名の近くに仕える僧侶や宗派のことや、大名と対峙した一向一揆など宗教勢力のことを書いた本、と理解されることが多かった。そして当時SNSなどから漏れてくる世評には、大名とのかかわりが書いていない、とか、織田信長と一向一揆の争いが描かれていない、とか、果ては看板に偽りあり、などとするものを見かけた。「はじめに」やサブタイトルに目を通していただければ、「看板に偽り」がないことは当時でもご理解いただけたと思うのだが、著者としては、今回の再刊でも、思惑外れの購入者がおられないことを願うのみである。

　のっけから刊行時の裏話で恐縮であるが、なぜこんな話をしたかというと、ようするに、聞きなれない、誤解を生む「戦国仏教」のような語彙をなぜ書名としたのかについて、その意図について復刊で与えられた機会に説明しておきたいという筆者の思いからである。この点は、あらためて後述したい。

ところで本書の刊行以降、戦国仏教という語彙はそれなりに注目をあつめ、ご批判を含めて議論がすすんでいるようである。コンパクトな内容の本書について、意にかけていただくのは、まさに慶賀の至りと思うのだが、それらに接して、あらためて筆者の考えを記しておくことも、あながち意味のないことでもないと思い、この点についても紙枚をいただきたい。その上で、本書の内容にかかわる点について、現在まで考えたことを補論として提示しておくことにしたい。

なお、本書以降に発表した、この問題に関連する筆者の論考を以下に掲げておく。行論にふれ言及することで、補論の補助線としてゆきたいと思う。

① 「日蓮宗と中世社会についての断章」(『興風』二一、二〇〇九年一二月)

② 「「葬式仏教」と中世の日蓮宗」(日蓮宗現代宗教研究所編『「葬式仏教」を考える』所収、二〇一一年二月)

③ 「中世~近世移行期における地域社会と寺檀関係」(『市史研究いちかわ』四、二〇一三年三月)

④ 「新刊紹介　河内将芳著『日蓮宗と戦国京都』」(『史学雑誌』一二三—八、二〇一四年八月)

⑤ 「戦国仏教—「鎌倉仏教」とは鎌倉時代の仏教か」(歴史科学協議会編『歴史の常識を読む』東京大学出版会所収、二〇一五年三月)

⑥「東国仏教諸派の展開と十四世紀の位相」（中島圭一編『十四世紀の歴史学』高志書院所収、二〇一六年六月）
⑦「室町期南武蔵における寺社の転換」（佐藤博信編『中世東国の社会と文化』岩田書院所収、二〇一六年一二月）
⑧「日本中・近世における災害対応と「記憶」の形象化」（専修大学人文科学研究所編『災害　その記録と記憶』専修大学出版局所収、二〇一八年三月）
⑨『中世の富と権力　寄進する人々』（吉川弘文館、二〇二〇年三月）

2

本書の冒頭でしばしば述べているように、「戦国仏教」は研究概念である。一九七五年に発表された藤井学氏の「近世初期の政治思想と国家意識」（『岩波講座日本歴史　第一〇巻　近世2』所収。のちに同氏著『法華文化の展開』法藏館、二〇〇二年に再録）において提起された研究概念である。鎌倉（新）仏教の社会的基盤をもった民衆社会への受容は、戦国時代になされたものであり、これを「戦国仏教」と考えるべきである、という主張である（その後、そのエッセンスを拙論①⑤で述べている）。

筆者は宗教史・仏教史研究を、思想・教学的な面から本格的に学んだ経験はないが、ただ藤井氏の議論の梗概はかねてから知っていた。また顕密仏教論が、黒田俊雄氏によってまさに同じ年に提起された、という研究史も以前から念頭にあり、その時代的な符合や、両者の関わりについても、かねてから思いを巡らせていた。筆者の関心は、宗教史・思想信仰史というよりは、中世の地域社会をフィールドにした民衆史・宗教社会史にある。その立場から、宗教史研究の動向に関心を寄せていたのである。

本書の具体的な叙述は、筆者のそうした研究から生み出されたものであり、その具象を総括する概念として、「戦国仏教」論を選択したのである。そして本書で述べているとおり、藤井氏の議論について、僭越ながらその「頂点」のみでなく、社会的な浸透の過程を、より日常的な場において考えることを提唱している。

こうした言説に対しては、その後、河内将芳氏が「戦国仏教」論のより丁寧な解読を試み、「戦国仏教」論の再評価を行っている（「「戦国仏教」論再考―京都と日蓮宗を中心に―」『仏教史学研究』五八―一、二〇一五年。のちに同氏著『戦国仏教と京都』法蔵館、二〇一九年に「序」として再録）。河内氏は藤井氏のよき理解者として、その学説を丁寧に解説している。それによると、藤井氏自身はその後この呼称を積極的につかわなかったこと、その後大桑斉氏が「戦国仏教」について関説し、「戦国期宗教化状況論」を展開したこと以外は、「戦国仏教」への言及が、ほとんどみられないことを指摘している。

河内氏は、筆者が藤井氏以降の研究の推移を顧みず、顕密仏教論についても平雅行氏の『親鸞とその時代』のみで説明しているような不備を的確に突いておられる。その上で氏は、筆者が藤井氏を批判して提起した、鎌倉仏教の民間における受容層のありかた、そして成立・誕生の過程を重視する点については、おおむね認めておられるようである。

本書の提起を「研究史を画する」ものとして評価してくださる点はありがたい。ただし、氏の「戦国仏教」に関する仕事は、本書でしばしば参照した『中世京都の民衆と社会』（思文閣出版、二〇〇〇年）、その後の『日蓮宗と戦国京都』（淡交社、二〇一三年）、そして最新の『戦国仏教と京都』（前掲）に至るまで、一貫した京都法華教団の精緻な分析であり、その達成には敬服するばかりである。本書が「東国」を中心にした「成立」論に終始していたことに比べ、戦国・京都・政治という法華教団をめぐる分析は不可欠であり、それこそ本格的な「戦国仏教」の姿であることを、河内氏の一連の研究は如実に示している。そこには筆者の「戦国仏教」論に対する無言の「批判」が込められていると思われる。

対して筆者としては、ことは京都のみでは完結せず、地方の動向と都鄙間の交流を視野にいれるべきであると主張するのみであり（拙論④で少し述べた）、本書の不十分さを認めざるを得ない。

ただ、ここであまり必要もない事情を言えば、以前の刊行の際、筆者が提出した仮のタイトルは「戦国仏教の成立」「戦国仏教の挑戦」であった。出版社の意向により、後段の文言が削られることになったのである。もしこのままのタイトルであったなら、河内氏や他の読者にはどのような印象を与えたであろうか。まさに蛇足以外の何物でもないが、やはりここで一言「弁明」をさせていただきたく思う。

3

ところで河内氏も言及しておられるが、二〇一七年に佛教史学会の編により出版された『仏教史研究 ハンドブック』(法蔵館)は、「第2章 日本中世 第1節 中世国家と仏教」のうち、「6 戦国仏教」(安藤弥氏執筆)で「戦国仏教」論について概説している。

そこでは、藤井氏の「戦国仏教」論の提起に始まり、大桑斉氏の「戦国期宗教化状況」論、河内氏の「宗教勢力の運動方向」論、安藤弥氏自身の「戦国期宗教勢力」論が概説され、「展望」が示されているが、本書への関説はおろか、参考文献にすら載せられていない。おそらくは本書などは学術書ではない、またその問題提起など「仏教史研究」に何ら寄与しない、との判断からであろう。著者としては、これも「無視」という名の「批判」と受け止め、その評価を甘受するしかないが、さきの河内氏の「研究史を画する」という好意的な指摘との大きな「ギャップ」には、著者としては、ただ理解に苦しむばかりである。

しかし、仏教史研究には門外漢の筆者だが、言わせてもらえば、この『仏教史研究 ハンドブック』の「戦国仏教」の規定は、あまりにも伝統的な教学・思想史、宗教史研究の問題群の解説に偏しているように思う。この本は、全体的にもその傾向が強いように思われる。

個別には仏教史と社会に関する項目は設けられてはいるものの、全体としては伝統的な枠組みを出ていない。何より筆者が考えるような社会とのかかわりについての言及は、ほとんどない。それは中世の分野にとりわけ感じることである。それでいいのだろうか。疑問なしとしない。

本書に「中世社会と日蓮宗」というサブタイトルを付与したように、少なくとも筆者は、歴史学における中世社会論と切り結ぶ中世宗教の「かたち」について論及した。鎌倉から南北朝〜室町における中世社会の変化、そこにおける自然・社会環境の厳しい現実のあり様、そして中世の地域社会における一揆や村落など社会集団の展開、また東国・西国における社会の性格の相違、各社会をつなぐ交通や流通網の展開など、いずれも具体的に仏教・信仰の展開と密接に関連したものと筆者は理解している。こうした立ち位置については、拙論①に詳述している。こうした点を、「仏教史研究」者は、果たしていかに考えるのだろうか。

4

「戦国仏教」論について、いささか本書を離れてやや込み入った問題にまで至ってしまった。ここは研究の経緯を論じる場でもないので、「戦国仏教」論をめぐる問題についてはこれくらいにして、以下では本書で論じたいくつかの論点について、補論を試みる。

さきにも述べたように、本書では「戦国仏教」の頂点と運動ではなく、社会集団としての教団、または村落・町場の動向、日常レベルにおける信仰の定着、を問題にしている。とくに一五世紀に地域でおきた変化として、村落とその集団（中間団体）の成熟が、仏教の受容の大きな受け皿となったことを指摘している。その上で問題となるのは、そのほかの社会集団、たとえば武士団結合や仏教教団、そして他宗派やその仏教教団との関連であろう。

拙論⑥では、とくに一五世紀の前段階として一四世紀からの日蓮宗教団と地域の関わりを、中山門流の動向に焦点をあわせて論じている。本書では一五世紀の日親の活躍に、村落に受容される法華信仰の姿をみたが、その際の教団の展開を、応永九年（一四〇二）の下総香取郡の小菅妙福寺と、同二六年（一四一九）の千田庄安久山円静寺の板曼荼羅本尊を例にあげ説明している。そこには村落の百姓集団の名前が列記されており、教団が村落を着実に把握している様相がみてとれる（一〇五～七頁・応永の板曼荼羅の項）。

しかし、それは単に教団の僧侶のみでなく、北総に展開した胤貞流の武士団の帰依に伴う動向であったことには注意を要する。同地域の千田庄を中心にして、一四世紀の半ばから、武士と僧侶の名が散見される交名（きょうみょう＝人名リスト）が刻まれた板碑が集中しているのである。これは個々の僧侶と武士、有力百姓らの小集団である「結衆」が、この地域に南北朝期から複数展開していたことを如実に示している。拙論⑥から表を掲げておこう。

板曼荼羅本尊に示される整然とした僧侶と武士・百姓らの百人にも及ぶ「結衆」は、中世における仏教教団の地域的展開を示す典型的なものだが、その前提には、南北朝内乱以降の、武士と僧侶・有力百姓の小集団の展開があったのである。畿内近国などにおける村落レベルの仏教の浸透と比較するとき、このような武士団と仏教教団を介した受容は、東国社会の特色ではなかろうか。東国では、板碑の「結衆」の分析から、村落結合の成熟が論じられているが（千々和到『板碑とその時代』平凡社、一九八八年）、武士団と有力百姓が日蓮宗教団を形作ることについては、さらに注目すべきであろう。

拙論⑥では、交名をいくつかの形態に分析している（表A・B・C）。Aは法名を含む農民的な名前の者、「胤」を含む実名を持つ千葉氏の武士、名字を持つ土豪的な百姓により構成されるもので、BはAに複数の僧侶が加わったもの、そしてCは中山門流の歴代貫首ら教団の指導的な僧侶と、大檀那千葉氏一族の名が列記されており、板本尊ときわめて近い

表　千田庄の板碑にみる「結衆」

所在地	年　号	交 名
日本寺前新田墓地	観応２年（1351）11月日	—
円静寺	文和５年（1356）２月日	—
法眼寺	応安２年（1369）５月６日	—
妙光寺	応安４年（1371）11月27日	—
妙光寺	明徳３年（1392）10月日	A
日本寺前新田墓地	応永９年（1402）12月14日	A
浄妙寺	応永12年（1405）11月10日	A
妙光寺	応永15年（1408）11月19日	B
妙浄寺跡	応永21年（414）１月	A
妙光寺	応永33年（1426）９月17日	C
春日神社裏	永享６年（1434）12月11日	B
東福寺	嘉吉２年（1442）４月15日	C
徳成寺	長禄５年（1461）７月19日	B
東福寺	寛正5年（1464）9月24日	B

（拙論⑥より。一部改変）

ものである。いうまでもなくA・B↓Cの展開がみてとれる。また交名自体に注目すると、具体的な人名が一五世紀以降明確に刻まれるようになることがわかる。これは、東国の民衆の集団内における、個我の自立を意味している可能性がある。

また、拙論⑥では、こうした日蓮宗教団の動向と対比するかたちで、禅宗・律宗の地域的展開について論じている。これらについての詳細は省くが、ほぼ同地域の同年代に展開する律宗寺院がやがて禅宗寺院に転換してゆくこと、その際に村落レベルの住人に受容されることを、様々な史料（たとえば板碑や村落の景観など）を用いて論じた。地域社会の仏教史は、教団のみならず、多様な宗派の競合や反発、融合を描くべきである、とする本書の主張を敷衍していることを記しておきたい。

5

多様な中世宗教の展開を地域社会のなかで俯瞰的にみることは重要な視点であり、先行の研究として、たとえば石田善人『中世村落と仏教』（思文閣出版、一九九六年）や堤勝義『中世瀬戸内の仏教諸宗派』（探究社、二〇〇〇年）をあげることができよう。そこにおいて重要な点は、鎌倉（新）仏教系の宗派だけでなく、顕密系の地域寺院を含めて考えることである。顕密寺社の中世後期における変化を視野に収めることが必要であると考える。

たとえば拙論⑦では、武蔵国の天台宗寺院深大寺の僧長弁の『私案抄』の分析からそのことを論じている。周知のように『私案抄』は、貞治元年（一三六二）生れの長弁が、七三歳の永享六年（一四三四）にいたるまでに残した文章を集成した文集だが、それは周辺の寺社に関する願文、供養の諷誦文、勧進状などで、長弁の学殖を期待して依頼を受けたものが大部分である。ここからは多様な事実が指摘できるが、拙論⑥では、依頼した各寺社の分類を試み、深大寺との「つきあい」のレベルと範囲を検討している。

深大寺自体、古代以来の顕密寺院といってよいが、「つきあい」のある寺社群をみると、国衙・一宮系、鎌倉幕府祈願所、荘園公領に成立した鎮守寺社など、伝統的な顕密系寺院に交じって、新たに勃興した有力武士吉良氏の菩提寺満願寺や、さらに本山派修験系寺庵である石原聖天坊、土俗的な霊石信仰により建立された若林石天神が存在する。ここからは、顕密系寺社に宗派に拘泥しない連携があること、それは地域の土俗的な信仰に傾斜した寺社をも包摂したものであったことがわかる。

長弁が活動した一四世紀の後半から一五世紀の前半とは、さきに拙論⑥でみた日蓮宗教団の活動とほぼ同時期である。同時期には、顕密系寺社も地域社会に定着し、地域に密着した存在として変化（転換）してきたことを『私案抄』ははからずも示しているのである。その「地域」とは南武蔵の多摩川流域である。筆者の怠慢から、拙論⑥ではその範囲を示した図を作成しえなかったので、加増啓二氏『経典と中世地域社会』（日本史史料研究会、二〇一七年）の図を借用し、掲げておこう。

このほか、『私案抄』には、道や橋における卒塔婆の造立、橋供養に関する意趣書がある。地域の

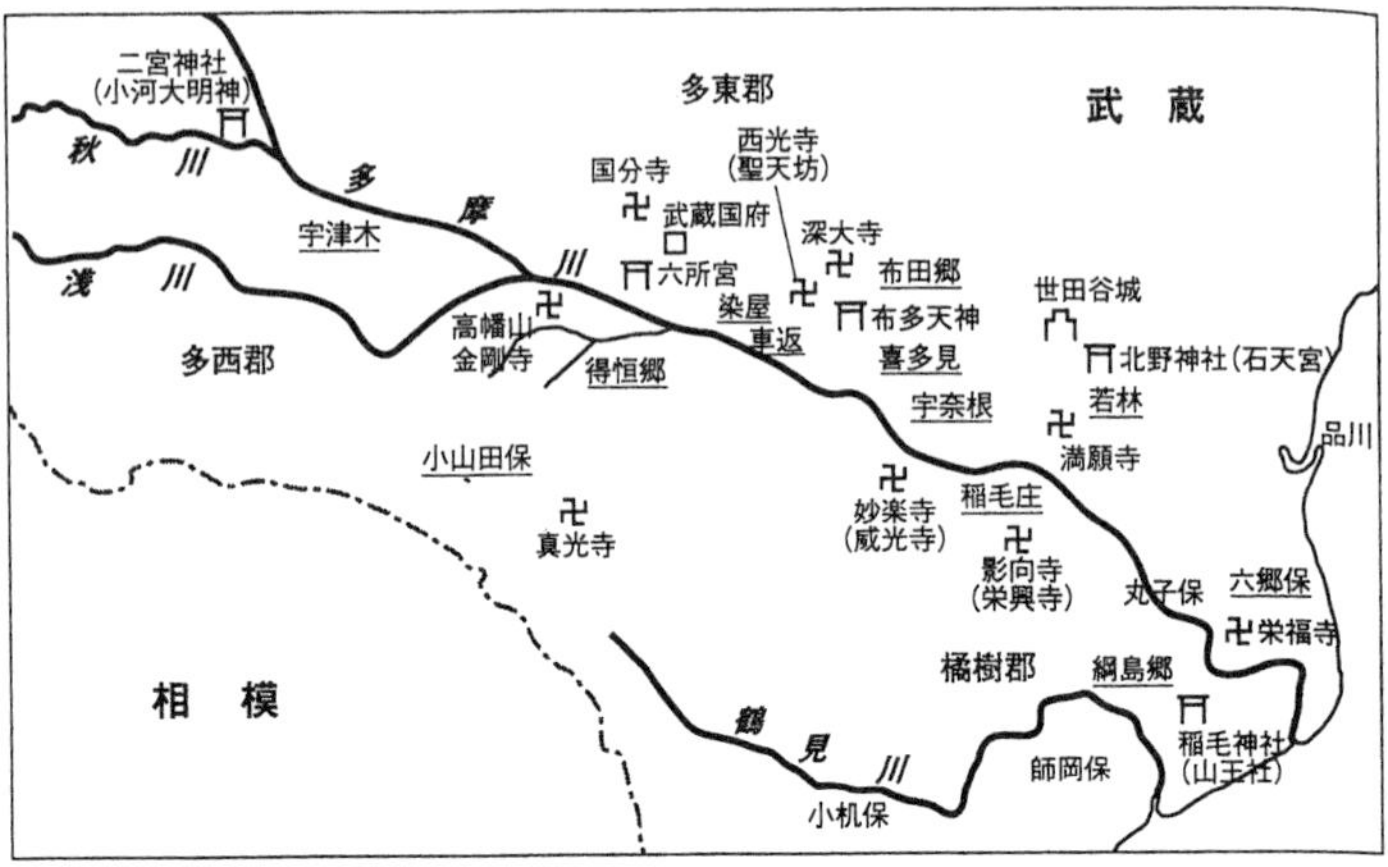

図　（加増啓二『経典と中世地域社会』より）

結衆や有徳人が橋や道といった公共性の高いインフラの整備を行い、そこに信仰の証である卒塔婆（板碑も含む）の造立が行われていることをみてとれる。こうした社会性を有した仏教信仰の多様な側面が確認できることも、仏教の地域的展開として、「戦国仏教」の特性の一つ、と言えるのではあるまいか。

6

地域に展開する寺社は、地域の課題に直面する場合がある。本書の第6章で述べた、戦国期の寒冷化による災害や飢饉の発生、そこにおける仏教の役割や災害対応は、「戦国仏教」にとって重要な要素である。日蓮宗の場合は、これは祖師日蓮以来の伝統的な問題だが、そのほかの宗派も例外ではないだろう。また、民衆レベルの家の成立により、墓域が整備されて、追善供養が地域の寺院によりなされてゆく動向を牛窓本蓮寺の事例から追及したが、これも法華宗（日蓮宗）のみの問題ではなく、戦国期の仏教に共通する課題であったであろう。ここではこの二つの問題について、少し論じておこう。

拙論⑧では、戦国期の駿河国大平郷を事例にして、災害に対応する宗教勢力の問題を検討している。本書では日蓮宗の史料である『本土寺過去帳』や『常在寺衆中記』から事例を検討したが、大平郷では『大平年代記』という年代記を素材にしている。これは村の年代記とでも呼べるものであり、直接寺社に残されたものではないが、災害における寺社の機能や役割が追える点で興味深い史料と言える。

そこでは、戦国期以来この地域が直面した狩野川の氾濫という水害に対して、一五世紀初頭に入植した土豪らが堤の修築や排水路の確保といった土木工学的な対応を行っていることが描かれているが、あわせて宗教施設の記事が多く、南北朝期以降、八社、五寺などとされる寺社の連合が形成される。これらの寺社は戦国期には土豪と大名今川氏の庇護を受けるが、その代償に祈禱などにより災害への対応を行う様相がみてとれる。

それに加え、土豪らが構築した堤に掛かる江尻橋の上で修験が旱魃に際し雨ごいを行い、効果があったのでその修験を居え置いて「村之祈願所」とするなど、工学的対応と宗教的対応が融合している事例もみてとれる。これも戦国期の寺社の機能として、大変に興味深い事例である。さきの『私案抄』でみたような事態が、戦国期において寺社の連合となり、その機能が地域において強固な役割をもつようになったと考えられよう。

そして、そこには土豪を中心とした家の形成と、郷村レベルの共同体（結社）の展開があり、家や郷村に対して墓域の形成や追善供養の役割が増すことになる。これは現代風に言えば、「葬式仏教」の展開ということになろう。

拙論②は、日蓮宗現代宗教研究所が二〇一〇年二月に開催したシンポジューム「「葬式仏教」を考える」の講演録である。当時、「葬式仏教」の是非をめぐる議論が、仏教界と俗社会において巻き起こっており、筆者は本書の執筆者としての立場から「葬式仏教」の歴史的な意義について報告している。その内容は、本書の枠組みを出るものではないが、戦国期における寺と檀那の関係について、興味深い一事例を付け加えて検討しているので紹介しよう（相河半吾証文「能永寺文書」『横須賀市史資料編　古代中世Ⅱ』二三四一）。

永正一三年（一五一六）、武蔵国久良岐郡の相河半吾は、郡内の冨岡の「ほうりう寺」の檀那であったが、戦乱で一族三人を亡くすことで寺から放逐されてしまう。その理由は、「いのちのありて、たんなほししく候」というものであった。檀那としては死者より生者が大事である、というのである。相河半吾は、ほかの寺の檀那になりたくてあちこちの寺にゆくのだが、「いのち大事」（生きた檀那が必要、の意）として受け入れてくれず、最後にようやく能永寺が受け入れてくれたというのである。

死者供養を旨とするはずの戦国期の寺院が、生きて寺に奉仕する檀那が必要、ということで、受け入れを断っていたという事実は、衝撃的である。断った寺には日蓮宗の上行寺の名もあり、地域の檀那としては、宗派が問題なのではなく、一族を受け入れて死者供養を行ってくれる寺院がなにより重要だった、ということもここからわかる。また寺側も、庇護者としてより威勢のある檀那を欲していたのである。ここに葬送や死者供養をめぐる寺と檀那のシビアなギブアンドテイクの関係が表れている。

戦国期には、各地でこうした流動的な寺檀関係が個別に構築されてゆき、近世の檀家制度に結果してゆくのであろう。拙論③は、日蓮宗中山門流の慶長一一年（一六〇六）の『護代帳』を分析し、戦国期以来、寺院内部に本院（大坊）と個別の僧侶（護代）による有力檀家の取り合いという競合関係があることを指摘した。その延長に近世的な檀家制度が形成されるのだが、そこにはある種の断絶があるようである。その意味では、移行期の問題は課題として残されているが、「戦国仏教」をめぐる興味深い事実であると言えるだろう。

7

以上、いくつかの補論を試みたが、ようするに筆者が「戦国仏教」とする存在は、社会に密着して、宗教（仏教）的な機能だけでなく、社会的機能を発揮する存在であり、そこに中世の地域社会に根付いた仏教の一つの在り方をみるのである。これは、宗教に何を求めるのか、という点で、現代社会と切り結ぶ視点でもある。

たとえば、現代の寺院をソーシャル・キャピタル（社会関係資本）として位置づけ、その機能を過疎化・人口減少化する現代日本の再生の一環とする議論もある。櫻井義秀・川又俊則編『人口減少社会と寺院　ソーシャル・キャピタルの視点から』（法藏館、二〇一六年）は、「日本仏教の特徴である寺檀制度を、地域密着型であるがゆえにソーシャル・キャピタルと捉えなおす」試みであり、「ポスト福祉国家以降のソーシャル・サービスの担い手を模索するなかで生じた宗教の活性化現象」として捉えるという。また広井良典氏は、ポスト資本主義の定常化社会（＝人口減少社会）には、ローカル・コミュニティで循環する経済が不可欠で、そのコアに「鎮守の森」などのスピリチュアルなものが必要であると主張する（広井『ポスト資本主義』岩波新書、二〇一五年、同『人口減少社会のデザイン』東洋経済新報社、二〇一九年など）。こうした存在も、「戦国仏教」（仏教のみではないが）と親和性がある（地域経済については拙論⑨も参照されたい）。

唐突なようであるが、筆者は、中世を通じて形成され、戦国期に成立した「戦国仏教」とは、このような現代や未来に必要とされる資源の先駆けであると考える。中世に生まれた未来に受け継ぐべき宗教・信仰の遺産を、歴史研究は発掘し、評価する必要がある。そのことの重要性を確認して、いささか風変りなこの補論を閉じることにしたい。

本書の原本は、二〇〇九年に中央公論新社より刊行されました。

著者略歴

一九六〇年　千葉県に生まれる

一九八五年　明治大学大学院文学研究科博士前期課程修了

現　在　専修大学文学部教授　博士（史学）

〔主要編著書〕

『中世後期の地域と在地領主』（吉川弘文館、二〇〇二年）、『中世東国の地域社会史』（岩田書院、二〇〇五年）、『蒙古合戦と鎌倉幕府の滅亡』（吉川弘文館、二〇一二年）、『中世の富と権力』（吉川弘文館、二〇二〇年）、『旅と移動―人流と物流の諸相』（共編　竹林舎、二〇一八年）

読みなおす日本史

戦国仏教
中世社会と日蓮宗

二〇二〇年（令和二）七月一日　第一刷発行

著　者　湯《ゆ》浅《あさ》治《はる》久《ひさ》

発行者　吉川道郎

発行所　株式会社 吉川弘文館

郵便番号一一三―〇〇三三
東京都文京区本郷七丁目二番八号
電話〇三―三八一三―九一五一〈代表〉
振替口座〇〇一〇〇―五―二四四
http://www.yoshikawa-k.co.jp/

組版＝株式会社キャップス
印刷＝藤原印刷株式会社
製本＝ナショナル製本協同組合
装幀＝渡邉雄哉

ISBN978-4-642-07118-5

読みなおす日本史

刊行のことば

現代社会では、膨大な数の新刊図書が日々書店に並んでいます。昨今の電子書籍を含めますと、一人の読者が書名すら目にすることができないほどとなっています。ましてや、数年以前に刊行された本は書店の店頭に並ぶことも少なく、良書でありながらめぐり会うことのできない例は、日常的なことになっています。

人文書、とりわけ小社が専門とする歴史書におきましても、広く学界共通の財産として参照されるべきものとなっているにもかかわらず、その多くが現在では市場に出回らず入手、講読に時間と手間がかかるようになってしまっています。歴史の面白さを伝える図書を、読者の手元に届けることができないことは、歴史書出版の一翼を担う小社としても遺憾とするところです。

そこで、良書の発掘を通して、読者と図書をめぐる豊かな関係に寄与すべく、シリーズ「読みなおす日本史」を刊行いたします。本シリーズは、既刊の日本史関係書のなかから、研究の進展に今も寄与し続けているとともに、現在も広く読者に訴える力を有している良書を精選し順次定期的に刊行するものです。これらの知の文化遺産が、ゆるぎない視点からことの本質を説き続ける、確かな水先案内として迎えられることを切に願ってやみません。

二〇一二年四月

吉川弘文館